Filles de nos mères, mères de nos filles…

Un lien fort et passionnel

Groupe Eyrolles
61, bd Saint-Germain
75240 Paris Cedex 05

www.editions-eyrolles.com

Avec le concours de Cécile Potel

© Groupe Eyrolles, 2010
ISBN : 978-2-212-54544-9

Sandrine Dury

Filles de nos mères, mères de nos filles…

Un lien fort et passionnel

EYROLLES

Également dans la collection « Comprendre et agir » :

Juliette Allais, *Décrypter ses rêves*
Juliette Allais, *La psychogénéalogie*
Juliette Allais, *Au cœur des secrets de famille*
Dr Martin M. Antony, Dr Richard P. Swinson, *Timide ?*
Ne laissez plus la peur des autres vous gâcher la vie
Valérie Bergère, *Moi ? Susceptible ? Jamais !*
Jean-Charles Bouchoux, *Les pervers narcissiques*
Sophie Cadalen, *Inventer son couple*
Christophe Carré, *La manipulation au quotidien*
Marie-Joseph Chalvin, *L'estime de soi*
Cécile Chavel, *Les secrets de la joie*
Michèle Declerck, *Le malade malgré lui*
Ann Demarais, Valerie White, *C'est la première impression qui compte*
Jacques Hillion, Ifan Elix, *Passer à l'action*
Lorne Ladner, *Le bonheur passe par les autres*
Lubomir Lamy, *L'amour ne doit rien au hasard*
Lubomir Lamy, *Pourquoi les hommes ne comprennent rien aux femmes…*
Virginie Megglé, *Couper le cordon*
Virginie Megglé, *Face à l'anorexie*
Virginie Megglé, *Entre mère et fils*
Bénédicte Nadaud, Karine Zagaroli, *Surmonter ses complexes*
Ron et Pat Potter-Efron, *Que dit votre colère ?*
Patrick Ange Raoult, *Guérir de ses blessures adolescentes*
Daniel Ravon, *Apprivoiser ses émotions*
Alain Samson, *La chance tu provoqueras*
Alain Samson, *Développer sa résilience*
Saverio Tomasella, *Le sentiment d'abandon*

Dans la série « Les chemins de l'inconscient »,
dirigée par Saverio Tomasella :

Christine Hardy, Laurence Schifrine, Saverio Tomasella, *Habiter son corps*
Martine Mingant, *Vivre pleinement l'instant*
Gilles Pho, Saverio Tomasella, *Vivre en relation*
Catherine Podguszer, Saverio Tomasella, *Personne n'est parfait !*
Saverio Tomasella, *Oser s'aimer*

À ma fille, merveilleuse, qui me rend si fière d'être sa mère…

« *On dit de nous que nous menons une vie sans péril à la maison, tandis qu'ils combattent à la guerre. Raisonnement insensé. Être en ligne trois fois, le bouclier au flanc, je le préférerais à enfanter une seule.* »

Euripide, *Médée*

Table des matières

Introduction 1

PREMIÈRE PARTIE

La saga des mères et des filles

Chapitre 1 – La mère 11
  Être mère : le début d'une histoire 11
  Les traditions maternelles ou l'image de la mère 14
  L'émotion d'une mère 16
  Une particulière intimité 19

Chapitre 2 – Mère d'une fille : un autre soi-même 25
  Une histoire d'amour différente 25
  Une relation complexe 28
  Une difficile ressemblance 31

Chapitre 3 – La fille 35
  Être fille : l'histoire d'une vie 35
  Le flambeau de la féminité 38

Le miroir à deux faces 41
Préparer sa fille à être une femme dans un monde
d'hommes... 45

Chapitre 4 – La mère : premier objet d'amour absolu 51
Un lien évident et ambigu 54
La petite fille : de l'amour à la haine 51
Fille malgré soi... 57

DEUXIÈME PARTIE

Les couples mère-fille

Chapitre 5 – Mères envers et contre tout ! 63
La reine mère ou la mère exclusive 63
Se sentir plus mère que femme 66
À mères parfaites, filles angoissées 71

Chapitre 6 – La mère idéale 75
La culpabilité maternelle : femme avant d'être mère 75
Ma mère, ma meilleure amie 79
Aimer sa fille, à quel prix ! 81
Les rendez-vous d'une fille avec sa mère 84

Chapitre 7 – La puissance maternelle 91
Devenir mère : la crainte de ne plus être la fille 91
Prendre des distances avec sa mère :
une question de survie ? 95
Un héritage silencieux, bien lourd à porter 99
La culpabilité côté fille 103

TABLE DES MATIÈRES

Chapitre 8 – Mères et filles : rivales ou amies ? 109
Les clés du couple mère-fille..................................... 109
Le désamour maternel : une vérité parfois cruelle 112
Des secrets de femmes 115

Conclusion 119
Bibliographie 123

Introduction

Être mère, c'est chaque fois une expérience unique et surtout un pont entre les générations. C'est au moment d'une naissance que chaque femme assure la pérennité d'une histoire familiale, d'une survie malgré tout... Faire un enfant, c'est tout bousculer, tout basculer dans les places de chacun. C'est abandonner la place de sa mère pour la prendre à son tour, avec tout le vécu d'avant cet enfant, remis en cause au moment crucial où l'on devient mère.

À quel moment devient-on mère ? Est-ce l'enfant qui nous consacre mère à sa venue au monde ou est-ce un apprentissage de tous les jours ? Peut-être est-ce le regard des autres qui nous reconnaît mère et précisément celui de notre propre mère. En effet, quelle relation plus difficile, plus forte, plus structurante dans tout ce qu'elle a de dévastateur que cette dyade mère-fille ?

Le tourbillon d'émotions qui lie les filles à leurs mères n'a d'égal que l'idéal d'absolu qu'éprouve chaque fille envers sa mère. Celui de combler ses attentes, ses espoirs, jusqu'à se rendre compte que l'on ne sera jamais l'enfant parfait, surtout pour la petite fille qui trébuche un jour sur ce parcours initiatique menant à la maternité,

1

avec toute la déception et la défaillance que peut comporter l'héritage maternel.

Entre illusion et réalité, les relations mères-filles sont toujours intenses car qui sont mieux placées qu'une mère et sa fille pour parcourir l'éventail de toutes les représentations que jouera une femme au cours de sa vie ?

La fille pourra être une rivale pour la mère comme la mère sera parfois l'incarnation d'une douleur nécessaire pour que sa fille se construise : c'est quelquefois le ravage d'une vie qui se joue dans la relation mère-fille, de la femme qui n'existe qu'en tant que mère à la mère qui se veut femme avant tout, séductrice passionnelle. Toute femme ou toute mère, entre Ève et Marie, à chaque femme son icône, à chaque mère son histoire de fille...

L'impossible lien qui unit une mère à sa fille réside dans le reflet de sa propre jeunesse qu'une fille renverra toujours à sa mère. L'histoire antérieure se répétera parfois, inéluctablement et douloureusement dans de vaines rencontres que le temps n'adoucira jamais, creusant ce fossé infranchissable entre deux générations de femmes. La fille devenue mère n'aura alors de cesse de n'être jamais cette mère-là, dans toute la confusion émotionnelle qu'implique cette réalité insupportable de mère défaillante.

À l'extrême se trouve la relation mère-fille exclusive, dans l'idéal forgé par une mère qui a fait de sa fille sa perfection. Comment alors accepter ses propres incertitudes quand il n'est pas permis d'être en deçà de ce modèle ni d'égaler cette mère qui détient l'exclusivité de la reconnaissance universelle de son savoir-faire ?

2

Encore aujourd'hui, être une fille peut représenter une épreuve lorsqu'une lignée de femmes s'attend à ce que vous suiviez la tradition séculaire, dans le cadre qu'elles ont érigé de mères en filles. Elles vous ont fait une place, juste celle qui vous révèle dans leurs récits, disant ô combien vous leur devez d'être ce qu'elles ont tissé, jour après jour, dans la douleur des femmes qui naissent mères à leur tour. Ce qui signifie qu'elles n'ont pas perdu de vue que c'est encore un passage obligé que de souffrir d'être nées femmes, pour beaucoup, ce qui ne veut pas dire que c'est une voie à suivre parce qu'elle a été tracée à cet effet. Dans cette pièce de théâtre que l'on ne cesse de rejouer entre mères et filles, dans une vaine confrontation entre soi et les autres, c'est peut-être moins évident mais plus vrai.

Du côté des mères ou du côté des filles, c'est une histoire de temps et de paroles. Car ce sont avant tout les mots qui font tenir debout cette aventure. Ils sont toujours là, dits ou non dits, mais entre les mères et leurs filles, que de fragilités dans ce lien archaïque qui signe l'endroit même de la vie.

Mères de nos filles…

Il ne s'agit pas de se réveiller un jour en étant devenue mère, et de constater trop tard que le temps a passé trop vite et que l'on n'a pas vu son enfant grandir. Sa fille plus précisément, celle qui va vous échapper un jour mais restera à jamais agrippée à vous, « à vos jupes » comme on le dit dans l'expression populaire.

Avoir une fille n'est pas à proprement parler une sinécure, ce serait même un fardeau plutôt qu'un cadeau pour la plupart des mères sur

3

cette terre. Une fille n'est pas une transmission, tout au plus une transition dans l'histoire familiale, un « faute de mieux » parfois, un espoir pour certaines et une véritable douleur pour tant d'autres.

Ce que l'on apprend en devenant mère d'une fille, mère de notre fille, c'est à esquiver. Esquiver pour ne pas douter, pour ne pas trembler et pour ne pas la regarder comme nous-même, l'Autre nous. Celle que l'on n'a pas aimée, celle que l'on a cachée et qui plus que tout renaît à travers elle. Car ce sentiment de « déjà-vu » va nous poursuivre indéfiniment, s'accrocher comme une moule à son rocher, qui ne sera jamais perdue grâce à nous, mais à quel prix !

Le prix de la féminité que les mères et les filles de ce monde payent encore lourdement, trop lourdement sur certains continents, ne reflète que trop bien tout ce que nous nous évertuons à cacher.

Être mère d'une fille, c'est incarner un miroir à deux faces, un reflet inhumain du temps qui passe et vous renvoie à vos vieilles rengaines de « filles de »... Car la transmission, c'est l'Histoire même à ses origines. Une fois cela dit, comment comprendre ce lien indéfectible que les mères entretiennent de siècles en millénaires avec leurs filles ? Ces petits secrets, ces non-dits qui, mine de rien, vont faire toute une vie, car c'est bien là au commencement que se construit la destinée féminine. Un regard différent porté sur des courbes, un nom qui ne sera jamais transmis, une odeur particulière si douce et amère que l'on refuse ou dont on s'enivre, nos filles sont tout cela, que l'on ne sait pas comment aider, éduquer ou guider.

Combien d'entre nous traînent derrière elles cet encombrant paquetage que l'on se confie de mère en fille dans l'intimité des alcôves, car le secret est féminin, le secret n'est pas négociable, c'est la condition *sine qua non* pour toutes. À celles qui le voient autrement on réserve un autre sort, nous y reviendrons un peu plus loin.

La féminité reste toujours une énigme sur le continent de la découverte des profondeurs de l'être humain, la féminité est un paradoxe, alors la maternité…

Mères de nos filles signifie avant tout une ambiguïté avec nous-mêmes car nous sommes déjà les filles de nos mères qui nous ont forgées avec ce qu'elles avaient, comme elles pouvaient, à défaut de dire comme elles voulaient.

Car si c'est le plus souvent un choix d'être mère aujourd'hui, c'est du côté de nos propres mères que nous nous tournons quand nous sommes perdues sur le chemin de la féminité en évolution. Pour le dire plus simplement, quand nous sommes dépassées par nos filles, nous redevenons les filles de nos mères pour espérer trouver peut-être une solution et pour, en tout cas, nous identifier…

Filles de nos mères…

Lorsque nous titubons, lorsque nous nous trompons, lorsque nous doutons, ce sont elles qui sont là, les rocs, les piliers : nos mères.

Que l'histoire avec notre mère soit difficile ou douloureuse, complice ou chanceuse, tendre ou délicate, voire effacée si ce n'est absente, c'est elle que l'on convoque en dernier recours, elle que l'on évoque dans une demande perpétuelle de compréhension de notre propre rôle, de notre être tout entier qui se retrouvera enfin, on le sait, à ses côtés.

La façon dont nos mères nous tiennent, dont nous leur appartenons bien malgré nous, parfois, est indicible. Un cordon nous accroche l'une à l'autre au-delà de notre propre volonté, en dehors de tout accord verbal. Car laquelle n'a pas eu envie un jour de dire à sa propre mère : « Ça suffit ! » Que l'on ait 20, 40 ou 60 ans c'est toujours le même refrain, le même ventre d'où l'on est sorti, la même rengaine vers laquelle on revient en fanfare, en ronchonnant parfois, dans la certitude toujours. La certitude d'être la fille de notre mère et que c'est bien ce qui nous identifiera toute notre vie dans l'arbre généalogique de notre parenté.

Il existe aussi les détours que prend obligatoirement la relation mère-fille dans le quotidien et les multiples contours qui borderont comme ils peuvent cette si fragile dépendance entre l'une et l'autre. La voie vers la féminité se trace souvent dans l'inconnu, dans la plupart des cas et sans conteste, dans l'absolu de l'exigence que nécessite l'éducation d'une fille. Être la fille de sa mère, c'est accepter le déséquilibre originel entre ce qu'il nous est possible de donner à notre mère et ce que nous serons capables de prendre à l'insu de celle-ci, pour nous construire dans la féminité.

Nos mères ne nous ont-elles pas donné tout ce qu'elles pouvaient, comme elles le pouvaient, au moment où elles le pouvaient ? Une mère c'est une « fille de »... Sa propre mère et nous voilà revenues au point de départ, de ce que l'on crée de toutes pièces sans y avoir pensé et que l'on modèle peu à peu à sa propre image. Un exemple à suivre, pas sûr... Une référence, peut-être, un destin que celui de mère : assurément !

Pas de mères sans leurs filles, pas de relation mère-fille sans reproches et discussions, pas de relation mère-fille sans jalousie et tentation, pas de relation mère-fille dans l'insouciance et la compréhension. Non ? Cela vient plus tard, bien après, quand l'orage de la succession impossible est passé. Quand les attentes sont sublimées à défaut d'être comblées, quand le temps a fait son œuvre et que de chaque côté on s'est fatigué de faire le guet, d'esquiver. Alors chacune finit pas remercier dans le verbe ou dans l'esprit. On y arrive le jour où l'on pense avoir compris ce qu'elle voulait de nous, cette mère si exigeante, ce qu'elle savait de nous, cette mère si peu souriante, ce qu'elle n'a pas entendu, cette mère, quand sa fille souffrait le martyre : les mères savent toujours.

Parfois elles éludent, longtemps elles contiennent et toujours nous avançons. Quoi qu'il arrive, fille contre garçon, on ne fait pas le poids dirait-on ! Ce serait plutôt une question de subtilité et d'influence cachée car les mères et leurs filles auront toujours en commun la faculté d'écouter. Nous écoutons cette petite voix qui nous a été transmise avec le reste, celle qui définit notre féminité dans une absolue nécessité de comparaison avec l'autre sexe. Être à la hauteur ou pas, être née fille quand il n'y avait plus de place pour elle, être ignorée, humiliée ou châtiée par ce sexe caché qui suscite tant de haine, surtout quand il est voilé. Car ne nous y trompons pas, ce que l'on recouvre pudiquement du lourd voile du secret n'est destiné qu'à nous révéler, dans notre différence.

Est-ce un supplice ou un délice, personne ne le soupçonne, c'est pourquoi chacun y va de ses certitudes envers les filles et leurs mères, envers cette féminité inabordable par l'autre. Une histoire

7

pas commune qui aujourd'hui encore ne demande qu'à vous raconter son choix, précisément là où vous ne l'attendez pas, là où les hommes n'ont décidément pas tout compris…

PREMIÈRE PARTIE

La saga des mères et des filles

La mère

Être mère : le début d'une histoire

Si « qu'est-ce qu'un père ? » est une question freudienne, « qu'est-ce qu'une mère ? » ne l'est pas. Des écrits cliniques aux élaborations théoriques sur le lien familial et social, peu de place donc pour la mère et que dire de la mère d'une fille…

Freud ne disait-il pas que la seule contribution des femmes à la culture réside dans l'art du tissage ? Reste à savoir comment les femmes ont pu malgré tout influencer l'Histoire, et souvent d'une manière décisive, par des moyens qui leur sont propres, et ce, de mères en filles. Peut-être simplement en incarnant ce premier objet d'amour qu'est la mère pour son enfant.

Le jour où une femme donne la vie, elle donne tout ce qu'elle a, tout ce qu'elle peut. Elle souffre, pleure, crie, vibre, aime et découvre ce petit être qui va changer à tout jamais sa manière de vivre, sa vision des choses, sa vie tout simplement. Car oui, nous devenons une autre le jour où nous enfantons. Pour certaines c'est évident, pour d'autres c'est subtil, mais c'est toujours, pour chacune d'entre nous, une autre phase, un tournant qui va bouleverser notre petit monde si fragile.

Pour les femmes qui attendaient ce moment depuis leur plus tendre enfance, comme l'accomplissement absolu de leur féminité, l'avènement de la maternité peut prendre la place que jamais un mari ni l'amour charnel ne pourront occuper. C'est ainsi que certaines histoires se perpétuent de mères en filles, se reproduisent et s'emmêlent jusqu'à relever la fragilité de la position féminine de générations en générations.

Rappelons que la seule manière dont Freud arrivera à donner consistance à la femme, c'est en la définissant du côté de la mère.

J'attends une fille...

Carole vient d'avoir trente ans et est enceinte de huit mois, d'une petite fille. Elle caresse tendrement son ventre rond, me parle de son petit garçon resté à la maison et qui vient tout juste d'avoir deux ans. Elle s'inquiète de la jalousie de son fils envers sa petite sœur qui va bientôt arriver. Elle appréhende aussi beaucoup d'avoir une fille : « Je ne sais pas comment le dire, c'est une sensation bizarre que je n'ai pas connue quand j'étais enceinte de Tom. Je me dis qu'elle va forcément me ressembler, pas physiquement mais plutôt dans son attitude, dans ses gestes de fille et ça me fera vraiment tout drôle de voir grandir une autre moi ! Tom a son côté garçon, rentre-dedans ! Vous voyez, je n'ai pas envie qu'elle reproduise des choses que j'ai faites avec ma mère ; là j'ai vraiment l'impression de prendre la place de ma mère en attendant une petite fille. Pourtant je l'aime déjà, énormément, trop peut-être car je sais que je serai plus dure avec elle, je lui en demanderai plus, j'en attendrai beaucoup... Comme ma mère l'a fait avec moi. Avoir une fille, c'est placer tous ses espoirs de femme en elle. Je me pose beaucoup plus de questions pour elle que pour Tom. J'étais vraiment sereine pour lui. Il faut dire que ma mère n'arrête pas de me rappeler sa grossesse, de nous comparer quand elle me portait et ça me replonge directement dans mes angoisses. Elle me répète à longueur de temps : "Tu verras, ce n'est pas facile, les filles, et tu comprendras enfin tout ce que j'ai enduré avec toi !" Vous vous rendez compte, elle me met la pression ! »

Attendre une fille, c'est toujours une répétition de l'histoire familiale, pas nécessairement négative, au contraire, cela peut justement être l'occasion d'une prise de conscience pour se détacher de cette emprise féminine. Mais dans les mots, dans les actes que votre propre mère a eus envers vous, c'est un retour des choses pas évident à gérer et à accepter, comme le vit Carole.

C'est la mère qui met sa fille à cette place dans son imaginaire maternel. L'inscription du destin féminin est là, bien avant la naissance de la petite fille car elle est pensée, imaginée, parlée et portée en tant que fille par sa mère et sa grand-mère. C'est une histoire qui se poursuit, une lignée que l'on perpétue au-delà même de la volonté individuelle. La féminité ne laisse pas de place au doute maternel : on donne vie à une fille qui sera un jour mère à son tour d'une autre fille. La transmission est lourde de sens et de conséquences et y échapper demande énormément d'énergie, comme nous le verrons par la suite.

La toute-puissance maternelle

Être mère, c'est se sentir transportée par ce pouvoir insensé de donner la vie et, dès la naissance, les liens entre la mère et le nouveau-né sont si fusionnels que la puissance maternelle prend alors tout son sens et sa consistance. Dans ces premiers mois, la dépendance infinie du bébé envers sa mère les enferme dans un cocon d'échanges essentiels qui excluent souvent toute autre personne de ce duo mère-enfant. Le bébé va apprendre à se positionner dans le désir de sa mère, pour la combler, être et rester l'unique objet de son désir. Illuminer le visage maternel de ce sourire que lui seul sait faire naître avec en retour un amour cherché à tout prix. Cette conscience de la toute-puissance maternelle peut être aussi destructrice que salvatrice. C'est pourquoi le père doit avoir sa place dans le lien mère-enfant, cette place que voudra bien lui laisser (ou non) la mère.

Les traditions maternelles ou l'image de la mère

Devenir mère d'une fille, c'est une différence, c'est un élan qui se poursuit sur le chemin de la tradition avec ses évidences et ses contradictions. Toute femme portera en elle l'image de sa propre mère durant toute sa vie. Qu'on le veuille ou non, cette mère fera écho à tous nos gestes, nos actes, nos souffrances, nos désirs car ce qu'elle nous a donné, tout autant que ce qu'elle ne nous aura pas donné, nous suivra et nous guidera dans notre construction de « fille de cette mère-là ». Que cette mère ait été présente ou absente, complice ou indifférente, étouffante ou défaillante, elle nous a marquées de son empreinte de mère qui nous sert de modèle et nous guide. On peut lui en vouloir et se rebeller, ou l'adorer et lui ressembler ; quoi qu'il arrive, notre mère nous aura façonnées à son image de mère, celle que lui a transmise la sienne, dans son inconscient bien plus que dans la réalité des mots.

14

Car le poids de la tradition est immense pour les filles et leurs mères. C'est une souffrance renouvelée qui rencontre parfois le désir de s'y conformer malgré tout pour s'aligner sur ces femmes qui ont traversé tant d'épreuves pour nous amener jusqu'ici. Car oui, la souffrance est faite femme, de mère en fille. Elle est distribuée inégalement du côté féminin, dans le silence des traditions séculaires qui nous donne ce fardeau en cadeau de naissance, avec, tout au plus, le sourire de façade de la mère qui n'a pas eu le choix et ne nous le laissera pas.

L'image maternelle est la plus empreinte de vérité tant elle contient en elle le pouvoir infini de transmettre, de donner ou de refuser à sa fille ce que celle-ci attend justement de sa mère, pour devenir un jour une femme et une mère à son tour.

Une tradition bien lourde à porter

Justine est maman de trois enfants, deux filles et un garçon. Elle a de gros problèmes relationnels avec sa mère. Pas uniquement avec elle d'ailleurs mais plutôt avec le « clan » comme elle l'appelle, celui dont elle est exclue ou plutôt celui dans lequel elle ne se reconnaît pas ; elle n'arrive pas à s'y intégrer. Sa mère, ses tantes et sa grand-mère sont les piliers de la famille, tout passe par elles. Et les réunions familiales sont devenues une vraie souffrance pour Justine. « Dès que nous sommes ensemble c'est un calvaire pour moi car je me sens toujours jugée, épiée, malmenée. Elles ne me comprennent pas et n'entendent jamais ce que j'ai à leur dire. Ce sont toujours des reproches sur ma manière de vivre, ma relation avec mes propres filles mais j'ai bien le droit de mener ma vie comme je le veux, non ? Je crois que ce qu'elles n'acceptent pas c'est que je sois si proche de mon mari et que je lui confie pas mal de choses, ce qui est interdit dans leur monde. Mais j'ai bien le droit d'être heureuse en couple quand même ! »

Lorsqu'une des femmes de la lignée s'émancipe, prend un chemin de traverse qui n'est plus basé sur le modèle féminin tracé dans le socle immuable et rigide de la transmission, c'est le clash ! L'image de la mère faillit et ce n'est pas acceptable pour celles qui ont tout donné pour que leurs filles soient, de mères en filles, des reproductions à l'identique d'elles-mêmes. Rien n'est plus friable que cette image trônant comme une épée de Damoclès au-dessus des têtes de ces filles qui s'interrogent, se questionnent mais n'entrent pas les yeux fermés dans cette caste féminine, d'autant plus intransigeante quand elle est en nombre.

C'est un choix difficile pour une fille que de s'émanciper du regard de sa mère, de s'en éloigner pour mieux vivre, pour mieux être. C'est avant tout un héritage pesant sur nos propres capacités de mères de nos filles quand cette mère-là n'est pas celle de référence. Dans la négation comme dans l'acceptation de cette condition de fille, la seule source reste la mère à laquelle on veut ressembler ou de laquelle on voudra se détacher... Avec toutes les séquelles qui vont en découler de toute façon !

L'émotion d'une mère

Une mère est dans le tout ou le rien avec sa fille : pas d'entre-deux, pas de nuance ou de subtilité dans la relation mère-fille. Soit vous êtes de celles qui sont dans la vénération et dans l'extase de ce que votre mère a fait pour vous et vous a donné, soit vous êtes dans la confusion et la souffrance de ce manque que rien ne comblera jamais car elle a peut-être fait de son mieux, elle a sans doute fait comme elle pouvait, mais vous gardez la marque incolore de la culpabilité d'une mère qui a transmis malgré elle.

Être mère et donc être fille, c'est une émotion d'un instant et de toute une vie. L'émotion qu'éprouve une mère pour sa fille tout au long de son éducation passe par tous les spectres de la lumière maternelle : elle est à la fois rugueuse et délicate, rigide et maladroite, intransigeante et dévouée, complice et solitaire, dominante et complémentaire.

La relation mère-fille ne se joue pas sur trois notes, c'est une partition haute en couleur qui varie au gré des saisons, des humeurs, de l'âge et des envies.

Longtemps les filles n'ont pas été désirées et à notre époque, dans notre siècle, il est beaucoup d'endroits dans le monde où naître fille, c'est tragique et indescriptible.

Savez-vous que, selon des études sur la population, si l'on pouvait choisir le sexe de l'enfant à naître, les garçons arriveraient très loin devant les filles ? Tout est dit, être une fille et devenir mère d'une fille ne va pas sans peine et sans questionnement.

L'attachement et l'amour que porte une mère à sa fille lui sont transmis (ou non) par sa propre mère. S'il en est ainsi, cet amour trouvera sa confirmation au quotidien dans toute la mesure émotionnelle qui est l'œuvre d'une mère quand elle nourrit sa fille dès le premier jour de sa vie. Si, au moment de devenir mère, une femme n'est pas habitée par l'amour de sa propre mère, qui a fait défaut et qui justement rentre en écho avec sa nouvelle position maternelle, elle va devoir trouver le chemin seule pour raconter et construire sa propre histoire d'amour avec sa fille.

Entre ma mère et mes filles

Oriane a deux filles âgées de 7 ans et 3 ans. Elle vient consulter car elle a des difficultés relationnelles avec sa propre mère. « On ne s'est jamais vraiment entendues toutes les deux. Et quand mes filles sont nées, contrairement à ce que je pensais elle a été très heureuse et elle est même très proche de ses petites-filles. Parfois trop proche car je dois avouer que je me suis déjà sentie jalouse de voir ma mère si tendre avec mes filles alors qu'elle ne m'a jamais fait un câlin ou prise sur ses genoux.

Tant mieux pour mes filles mais c'est vraiment douloureux parfois car mon enfance revient alors à la surface et je ne sais plus comment gérer ça. Je n'arrive pas à le lui dire. C'est à la fois tellement fort et tellement fragile, cette relation que nous avons. Je dois reconnaître que ce sont mes filles qui nous ont rapprochées et je me suis même surprise parfois à vivre des moments de complicité entre nous quatre. L'émotion d'être mère est plus forte que tout le reste, je crois. »

Dans une telle situation familiale, il faut savoir que l'inconscient n'est pas vide de cet amour manquant de la mère défaillante qui vous a élevée, au contraire il s'en est nourri et a grandi avec ce besoin de donner et transmettre qui sera là au moment où vous donnerez la vie à votre tour. L'imaginaire de la mère qui se projette en tant que mère de sa fille, même si sa propre mère ne lui a pas donné de contenu, est suffisant pour poser les bases d'une relation équilibrée à venir. En d'autres termes, si votre mère n'a pas su vous montrer ce qu'une mère ressent pour sa fille, ce n'est pas une fatalité car vous avez en vous les capacités de vous révéler à vous-même. La confiance en soi peut s'acquérir dans une construction de chaque jour si elle ne nous a pas été donnée dans notre enfance, dans la relation maternelle. Ce n'est pas irréversible.

La sécurité affective

Ce que nous, les psychanalystes, appelons la sécurité affective est l'ensemble des gestes et des mots qui vont aider l'enfant à se construire au fil des années, car ce sont précisément ces paroles prononcées et ces marques d'affection qui lui permettront d'avoir confiance en lui. Les mots sont fondateurs de l'existence dès la naissance car ils font partie du processus d'intégration dans la sphère familiale et sociale. Les codes parentaux inhérents au langage ont une emprise directe sur l'enfant et peuvent tout autant, si les parents ne s'en préoccupent pas, affecter la confiance de l'enfant. La confiance, cela se montre et, pour qu'un enfant ait confiance en lui, il doit pouvoir l'entendre, la sentir et se l'approprier en constatant lui-même que cette confiance existe réellement dans la relation mère-enfant, avant tout, puisqu'elle précède toutes les autres.

Une particulière intimité

Entre mère et fille, la relation est remarquable en ce qu'elle a de troublant du côté de la mère qui transmet, comme de la fille qui se révèle à sa mère et à elle-même. Car la relation mère-fille est avant tout une histoire d'identification à l'autre. Je te ressemble ou pas, je te déçois ou je te rends fière de toi en tant que mère, je te copie ou je m'éloigne tant que je peux de toi. Chaque moment de la vie d'une fille est rythmé par ce que sa mère lui aura donné ou non. La mère que l'on devient est celle qui nous aura marquée, pas forcément aimée comme on l'aurait voulu mais aura tout simplement été celle qui nous a conduite sur ce chemin-là.

Entre mère et fille c'est une intimité différente car elle suppose une complicité évidente qui n'est pas toujours acquise chez la mère comme chez la fille. Ce n'est pas parce que nous sommes des femmes que l'on se comprend mieux, bien au contraire ! Empiéter sur le territoire de l'Autre suppose d'accepter que sa mère soit dans le vrai pour une fille et que sa fille soit dans l'idéal pour une mère. Or, la vie quotidienne entre mère et fille se charge de rappeler combien être une fille implique des sacrifices difficiles à avaler et combien être mère c'est se torturer d'imposer ces épreuves à sa fille alors qu'on les a soi-même combattues dans sa relation à sa propre mère.

L'intimité entre mère et fille, c'est une initiation au monde secret des femmes, à ses codes et ses valeurs que seule une femme peut comprendre et accepter ou non. Car si l'initiation échoue, c'est du côté des mères que cela va se jouer dans la douleur et du côté des filles que les conséquences vont s'étaler dans le temps. Rappelons-nous que le temps de la mère n'est pas le temps de la fille et inversement. Être fille de sa mère, c'est un dépassement de soi pour aller vers l'Autre ; être la mère de sa fille, c'est une réalisation de soi-même à travers l'Autre. Reste encore à trouver le point d'ancrage entre les deux, étape la plus difficile car il faut parfois bien plus d'une génération pour y parvenir.

La petite poupée

Suzanne ne s'est jamais sentie aimée par sa mère ou plutôt elle a toujours senti que sa mère lui préférait ses deux frères aînés. Elle était un accident, sa mère le lui a dit un jour où elle était énervée. « Elle m'a dit qu'elle ne voulait plus d'enfants, qu'avec deux fils la lignée était assurée, alors quand je suis née elle a eu beaucoup de mal avec moi, il lui a fallu du temps pour m'accepter. Pourtant elle s'est toujours montrée très complice avec moi et m'a toujours bien habillée ; elle passait des heures à me coiffer, ce qui m'ennuyait beaucoup ! Quand je lui demandais pourquoi elle faisait tout ça, elle me répondait que j'étais à son image et que je devais toujours être impeccable, sinon c'est elle que l'on jugerait mal pour négliger sa fille. Dès que j'ai pu choisir, je suis devenue un vrai garçon manqué. Mais je vous avoue que ces moments d'intimité avec ma mère me manquent un peu. Finalement il n'y a qu'entre mère et fille qu'on peut faire ça. J'étais un peu sa poupée en quelque sorte et je crois qu'au fond j'aimais bien ça. Je pense que lorsqu'on a une fille, il doit être à la fois troublant et déroutant pour une mère de voir ce petit Moi en miniature. Je ne sais pas comment je serai si j'ai une fille. »

L'intimité d'une fille est délicate et sensible au fil des humeurs qui changent et varient avec le temps, ce que sait bien une mère pour l'avoir pratiqué elle-même. Ce n'est pas pour autant qu'il est plus aisé de s'immiscer du côté de sa fille qui est en quête permanente de reconnaissance. La fibre maternelle ne va pas de soi quand votre fille vous renvoie l'image de ce que vous étiez, de ce que vous vouliez être ou de ce que vous n'avez pas été… Derrière la construction de la mère qui se doit d'être un modèle, il y a la fille qui se bat pour être en harmonie avec cette mère qui lui réclame tant. La mère est toujours la référence pour sa fille mais la fille est souvent une source de culpabilité pour la mère.

Les filles sont l'expression de la culpabilité maternelle : si elles ne sont pas à la hauteur, c'est que la mère n'a pas su les porter au plus haut, et si la fille dépasse les espérances de sa mère, elle lui renvoie alors cette différence entre elles, comme un écho à ses propres désirs non réalisés et pourtant bien présents encore.

L'instinct maternel

La question de l'instinct maternel est souvent remise en cause tant le lien entre la mère et son enfant est complexe. Si certaines femmes se sentent mères dès qu'elles accouchent, voire bien avant, pour d'autres cela prendra un peu plus de temps. Le temps qu'il leur faudra pour découvrir leur bébé, le rencontrer et apprendre à l'aimer. Cet élan instinctif qui porte une mère vers son bébé n'implique pas automatiquement un savoir-faire absolu et instantané. Une mère doit avant tout apprendre à se faire confiance en tant que mère pour s'approprier ce rôle si difficile au vu de ce que l'on attend d'elle : être à la hauteur. Qu'une mère ait l'instinct maternel ou pas, l'important réside dans le lien qu'elle va établir au fil des jours avec son bébé : que cela prenne trois jours ou trois mois, ce qui compte est l'échange et l'amour maternel qui vont tisser leur toile autour du bébé.

Si l'instinct maternel ne va pas de soi pour toutes les mamans, lorsqu'on est mère d'une petite fille cela peut aussi engendrer d'autres difficultés. En effet, l'arrivée de ce petit bébé de sexe féminin qui débarque dans votre vie et vous renvoie directement à votre propre relation avec votre mère n'est pas évidente à gérer. Autant dans l'émotionnel que dans l'aspect pratique quotidienne du métier de mère, car chaque geste vous replonge dans une intimité fusionnelle de la relation mère-fille que vous n'avez peut-être pas bien digérée de la part de votre propre mère. Cette fragilité psychique de certaines mères envers leur fille dès la naissance repose sur une histoire forte qui reprend vie en même temps que cette petite fille s'éveille. Se voir en « double » est très perturbant pour certaines mères qui dès le début de la relation avec leur fille vont mettre des distances afin de se protéger et de préserver leur enfant de cette situation mère-fille qu'elles ont si mal vécue.

Au fil des mois et des années, ce type de relation (voir également le chapitre 6 page 77) va s'accentuer pour prendre des proportions qui ne vont pas toujours aller dans le sens espéré. La complexité de la relation mère-fille prend sa source dès les premiers jours de vie, quand s'instaurent les premiers liens et que s'ébauche la trame du destin féminin.

Mère d'une fille : un autre soi-même

Une histoire d'amour différente

Une mère n'éprouve pas le même amour pour un fils que pour une fille. Cette différence ne réside pas que dans le sexe mais bien au-delà, dans la relation qui s'instaure immanquablement dans la comparaison entre une mère et sa fille. Car même si ce n'est pas dit, si cela reste enfoui, cette fille qui va grandir en miroir de sa mère va passer par toutes les étapes de la féminité qu'a vécues sa propre mère, ce qui est souvent compliqué pour une mère. Elle a l'angoisse de voir sa fille reproduire le même schéma, faire les mêmes erreurs, souffrir pour les mêmes raisons. C'est souvent une souffrance cachée qui pousse des mères à rejeter leur fille ou tout au contraire à s'y accrocher.

Une mère qui s'éloigne de sa fille pour ne pas avoir à s'impliquer et se sentir responsable d'elle, voilà la mère qu'a été Brigitte pour sa fille et elle en souffre toujours. Les années ont passé et c'est maintenant que sa fille est à son tour devenue mère qu'elle réalise que son rôle de mère a eu bien plus de conséquences sur sa fille qu'elle ne le pensait à l'époque.

Si j'avais su…

Brigitte vient consulter car elle n'en peut plus, me dit-elle. Sa fille la rejette et elle ne sait pas comment s'y prendre, comment lui dire ce qu'elle ressent. « On ne s'est jamais parlé, enfin moi je ne lui ai jamais parlé de moi, de nous. Je ne lui ai jamais dit que je l'aimais. Quand elle est née, je ne l'ai pas aimée tout de suite, c'était étrange cette petite fille qui me réclamait, que je ne connaissais pas et qui en même temps me ressemblait tant ! C'était une petite fille très renfermée et très gentille, je ne m'occupais même pas d'elle, elle restait dans son coin à jouer toute seule sans jamais réclamer.

Tout le monde me disait qu'elle était adorable mais je n'y faisais pas plus attention que ça. Quand elle est devenue adolescente, tout s'est compliqué. Du jour au lendemain elle a changé, elle s'est rebellée et à 16 ans elle est partie de chez nous après une très grosse dispute où elle m'a reproché de ne jamais l'avoir aimée. J'ai bien vu dans son regard qu'elle attendait un signe de moi, qu'elle voulait une réponse mais je l'ai regardée sans rien dire, j'étais trop en colère contre moi-même, en fait. Je savais que cette histoire finirait comme ça, je le sentais au fond de moi depuis des années mais j'ai fait semblant de ne rien voir. Je le savais parce que j'ai fait la même chose avec ma mère : je suis partie de chez moi à 15 ans parce que j'étais enceinte et que mes parents m'ont jetée dehors. Je crois que j'ai redouté ce moment depuis qu'elle est née. Je n'ai pas eu de nouvelles pendant cinq ans et là je viens d'apprendre que je suis grand-mère. C'est son frère qui me l'a dit, il m'a montré le faire-part de naissance qu'elle lui a donné pour moi. J'étais tellement émue ; j'ai une petite fille, Maelys. Je crois qu'il est temps que je répare mes erreurs et que j'accepte d'être la mère de ma fille. Vous croyez que c'est encore possible ?

Ce que l'on se transmet de mère en fille n'est pas une valise pour y mettre ses petits effets personnels, non. C'est un fardeau constitué de tout ce que l'on a traîné depuis des générations que l'on se repasse comme un cadeau empoisonné jusqu'à ce qu'une de ces femmes, plus courageuse ou moins frileuse que les autres, ouvre ce paquet sans avoir peur qu'il lui éclate en pleine figure. Elle va prendre pour toutes les autres mais elle va aussi libérer celles qui vont suivre de cette servitude pour permettre enfin à cette lignée féminine de s'épanouir librement, de mère en fille.

Ce n'est pas tout que de savoir au fond de soi ce qu'il pourrait se passer avec sa propre fille et de le redouter comme Brigitte, encore faut-il en avoir conscience et avoir les clés de cette relation mère-fille. Si votre propre mère ne vous les a pas données, la vie peut vous en offrir la possibilité si vous êtes prête à saisir cette occasion de vous révéler en tant que mère d'une fille. Quand on a refoulé ses sentiments pour se protéger d'une douleur fulgurante, pour accepter que sa mère ne soit pas celle que vous attendiez, celle que vous espériez, il est d'autant plus cruel de reproduire ce schéma que l'on ne peut pas faire autrement. Ce qui ne vous a pas été transmis pèse alors bien plus dans la balance que ce que votre mère vous aura offert car ce manque est ainsi inscrit dans les générations.

La mère que l'on devient est liée, de façon indescriptible, à celle qui vous a créée en tant que fille et façonnée à son image, dans la ressemblance comme dans les différences. Dans un sens ou dans l'autre, ce qu'une mère donne à sa fille est tout aussi important que ce qu'elle lui refuse. Une fille se construit en tant que fille avec ce que sa mère lui apprend et ce qu'elle lui prend ; voilà pourquoi l'identité féminine est si complexe à cerner dans la relation maternelle.

Une relation complexe

La mère est appréhendée essentiellement par Freud, jusqu'en 1925, à partir de l'œdipe[1] où elle représente l'objet interdit. En articulant la mère à la loi fondamentale, Freud la dégage ainsi de toute référence au biologique et met l'accent moins sur le lien qui unit la mère et l'enfant que sur ce qui peut permettre son dénouement. Il va devoir s'interroger sur le lien primaire à la mère et repenser ses thèses sur l'œdipe. C'est d'ailleurs dans les textes sur la féminité, en 1931 et 1932, que la relation préœdipienne à la mère acquiert une importance telle qu'il en arrive à remettre en question la thèse de l'œdipe comme noyau des névroses.

Cette relation première à la mère, restée si longtemps masquée, va pouvoir se dévoiler par l'abord de la féminité et dans la relation mère-fille.

C'est Freud lui-même qui va soulever ce « lourd rideau » en apportant un premier élément de réponse. Ce ne sera pas sans questionner la position de l'analyste dans la cure. Il va ainsi s'étonner de la découverte de ce premier lien à la mère dont il n'avait soupçonné ni l'importance, ni la durée, ni les conséquences.

La relation mère-fille prend appui sur la fragilité féminine comme sur la capacité surprenante de la mère à se dévouer à son enfant pour lui transmettre le meilleur d'elle-même. C'est souvent dans une confusion de rôles que va se transposer le partage féminin entre

---

1. Le complexe d'Œdipe est la représentation inconsciente par laquelle s'exprime le désir sexuel ou amoureux de l'enfant pour le parent du sexe opposé et son hostilité pour le parent du même sexe. Le complexe d'Œdipe apparaît entre 3 et 5 ans.

une mère et sa fille. Confusion de tout : de personnalité, de sentiments, d'attentes et de réponses. Cette proximité intrinsèque peut
être très troublante pour la mère, qui se sentira alors démunie face
à sa fille qui la sollicite de toutes parts et notamment dans son intimité féminine qu'elle ne sait pas comment partager et dépasser.

Des liens fragiles

Une de mes patientes, Carine, enceinte d'un petit garçon, est venue me
parler de sa relation avec sa fille Élodie, qui vient d'avoir un an. Elle ne sait
pas par où commencer ; je lui laisse le choix de la mère et elle décide de
commencer par la conception de sa petite fille.

« C'est une enfant très désirée. Comme on n'arrivait pas à en avoir, on a
même demandé une stimulation. Je me suis retrouvée enceinte tout de
suite après. » Et elle me raconte comment son ami la « couvait » pendant sa
grossesse : « Les fraises, les fleurs, il ne voulait même pas que je bouge, il
faisait tout à la maison et m'achetait tout ce que je désirais. » Elle en vient
à me parler de son accouchement : « La plénitude totale pendant la grossesse et pendant l'accouchement. »

J'aborde avec elle les premiers jours à la maternité, la rencontre avec sa fille :
« Elle dormait tout le temps. Ah ! si, un détail, sur le fait qu'elle pleurait. J'ai
eu trente-six avis différents. Les puéricultrices, les amies, la famille... Puis
quelqu'un m'a donné un bon conseil en me disant de faire comme je le sentais. Je l'ai allaitée trois mois. La première mise au sein a été difficile. Elle
s'endormait. Elle prenait un sein et pas l'autre. Mais c'est surtout le sevrage
au moment de reprendre le travail qui a été dur. Plus dur pour moi que pour
elle, même si l'allaitement était fatigant, j'étais frustrée quand j'ai arrêté.
Vous comprenez, c'est l'unique chose que moi seule pouvais faire. Car changer les couches, la laver, tout le monde en a la possibilité ; mais l'allaiter,
non. »

Ensuite, elle parle de la relation du père avec le bébé, disant que, dès la naissance, son ami était très attentif à Élodie. « Mais quand il a commencé à lui donner le biberon, il était tellement heureux et sa fille si bien contre lui que, là, je me suis sentie écartée ; j'étais jalouse de ma fille dans ces moments. C'est fou, non ? Il voulait tout faire, toujours la câliner, c'était pratiquement la bagarre pour s'occuper d'Élodie. Il la couvait du regard, alors que moi, il ne me regardait même plus… Du jour au lendemain mes relations avec Élodie ont changé. J'ai eu beaucoup de mal à me rapprocher d'elle. Forcément, son père l'a remarqué et me l'a reproché. Je ne pensais pas que l'amour pour ma fille pouvait être si fragile. »

Dans un premier temps, Carine s'extasie sur l'état de « plénitude », selon ses propres mots, pendant sa première grossesse et son accouchement. Elle semble vraiment vouloir faire passer dans son discours l'état d'épanouissement que lui a procuré cette grossesse tant désirée, puisque médicalement « stimulée », dit-elle.

Quelle est donc la portée de cette « frustration » qu'elle révèle ensuite, celle de devoir arrêter d'allaiter son enfant, l'unique chose qu'elle seule pouvait faire. Son « pouvoir » de mère à l'encontre de celui du père qui, manifestement, tentait déjà de s'imposer dans une rivalité quotidienne des soins à l'enfant.

La tolérance de la douleur de l'accouchement qui est si intense, chez une mère, peut se comprendre dans le sens où elle suscite la compensation représentative du premier apparu des phénomènes affectifs : l'angoisse qui naît avec la vie, lorsque l'enfant paraît.

Le père, qui ne se suppose, dans l'exercice de sa fonction paternelle, que pourvu de toute une série de connotations signifiantes qui lui permettront de prendre sa place, semble ici perturber la constitution de la mère en tant que siège du désir de sa fille. Il l'éloigne pour s'attribuer son rôle dans les soins maternels. C'est du moins ce que cette mère ressent dans le rapport à sa petite fille. Parlant de la réaction de son ami à l'annonce de sa grossesse tant désirée, elle dit : « *Tant que mon ventre n'était pas rond, il ne s'en occupait pas* », mais ajoute que le « déclic » a eu lieu quand il a assisté à la dernière échographie : « *Il est tombé amoureux de sa fille à l'écho.* » Ces quelques mots semblent illustrer ce qui se produit dans l'imaginaire du père, par le biais de cette image échographique : le bébé imaginaire est mis en regard.

Tenant pour essentiel ce terme d'enfant désiré auquel elle semble vouloir s'accrocher, y mettant là son propre désir de mère, les propos de Carine et cette distance forcée à l'égard de sa petite fille en disent long sur cette rivalité féminine qui s'est déjà installée au sein du clan familial et dont on peut présager l'évolution complexe qui s'ébauche.

Une difficile ressemblance

Peut-on dire qu'en accouchant de son enfant une femme accouche également de son identité de mère ? Mais de quelle identité et de quelle mère ?

Car, lieu de recel imaginaire de toutes les satisfactions, le corps de la mère concentre les nostalgies les plus immuables de l'humanité, l'idée de divinité associée à la mère dans sa puissance absolue. Nous voici entrés de plein fouet dans le thème fondamental de la psychanalyse quant à la relation mère-enfant, à savoir la toute-puissance dont le bébé investit sa mère, dispensatrice des plus intenses gratifications comme des plus grandes frustrations.

En venant au monde, la petite fille est d'ores et déjà marquée par le sceau de sa mère. C'est bien cela dont il est question, du paradoxe qui articule la femme en tant que mère de sa fille et complète l'énigme de la femme qui n'existe que comme mère, celle de cette fille qui va devenir une femme puis une mère. Mère d'une fille, c'est une double vie, une autre chance qui peut s'avérer destructrice si elle n'est pas saisie par la mère et comprise par la fille. C'est un miroir à deux faces mais reste à savoir de quel côté on se trouve et à accepter cette image que vous renvoie le miroir !

La mère vue par Jacques Lacan

La mère n'est pas seulement le lieu supposé détenir les objets de satisfaction. Elle parle, dit Lacan, et à ce titre, elle désire. Or, ce désir n'est pas quelque chose que l'on peut supporter comme cela, dit-il ; il entraîne toujours des dégâts : « Un grand crocodile dans la bouche duquel vous êtes, c'est ça, la mère. On ne sait pas ce qui peut lui prendre tout d'un coup de refermer son clapet. C'est ça le désir de la mère. »

Ce qui va nous interpeller ici est lié à la question de la satisfaction de la position féminine et de l'accomplissement maternel au travers de la maternité. Le désir de la mère pour sa fille passe donc par une condition : celle que sa fille, en tant qu'objet de son amour, soit revêtue d'un imaginaire qui permette à la mère de la reconnaître et de la supporter à la fois, dans cette place qu'elle va occuper définitivement. Quel que soit l'angle par lequel on aborde le trajet que la mère doit parcourir pour aller à la rencontre de sa fille, de la relation fusionnelle à la relation conflictuelle, on se heurtera toujours à la même donnée fondatrice de ce lien mère-enfant : au commencement, il y a la séparation.

L'éternel recommencement

Agathe vit seule avec ses deux filles de 14 et 16 ans. Elle est en plein dans la « période terrible », comme elle le dit, avec ses filles. « On ne se comprend plus du tout, même elles ensemble ne se respectent pas, elles se disputent tout le temps. En ce moment j'ai l'impression de revivre une seconde fois mes accouchements, surtout avec l'aînée. Cette image m'est venue à l'esprit l'autre jour quand elle a claqué la porte en me hurlant qu'elle me détestait et que c'était à cause de moi si elle était si moche, que j'aurais au moins pu la faire belle, elle m'aurait pardonné ! Quand je me suis retrouvée seule avec moi-même, je me suis revue seize ans avant, quand elle est née et qu'on me l'a prise immédiatement sans même que je la touche. C'était un vrai déchirement, l'incompréhension ; c'était notre première séparation et depuis j'ai l'impression de revivre cette scène indéfiniment ! »

Les analyses que l'on peut faire de la fonction maternelle, et *a fortiori* de la position maternelle dans la relation mère-fille, peuvent paraître contradictoires. En effet, rien de plus versatile que le ressenti d'une mère pour sa fille selon les périodes et les âges qui vont donner à cette relation une inconstance bien plus nécessaire qu'on ne le croit, à première vue, dans la construction de la personnalité féminine. Insistons sur le fait que la grandeur en même temps que la faiblesse de la mère seront fondatrices dans cette filiation tellement à part. La problématique féminine sur la maternité nous amène à considérer le point d'ancrage de la mère qui accepte de se détacher de son enfant pour mieux l'aimer, sachant très bien que c'est de cette séparation première que va naître un lien plus profond. Naître c'est se séparer pour se rencontrer, se manquer pour se découvrir l'un l'autre, se détacher pour tisser un fil imaginaire au-delà de tout ce que l'on pourrait voir et comprendre. Entre une mère et sa fille, la ressemblance est si délicate qu'il faut fatalement une distance relative pour se regarder en face et s'écouter. La spécificité de cette sensation d'être « la mère de » ou « la fille de » n'est jamais spontanée dans le sens où ni la mère ni la fille n'en sont les initiatrices, mais provient de diverses sources qui trouvent leur fondement dans le paradoxe du destin féminin. Le contexte historique comme l'enracinement générationnel sont aussi « coupables » que la reconnaissance narcissique de la mère envers sa fille. Quand la mère est dans l'ambivalence de ses sentiments maternels envers sa fille, sa fille, elle, est dans la dépendance affective vis-à-vis de cette mère en attendant qu'elle exerce la coupure, la séparation qui lui permettra d'être elle-même et de se choisir fille de sa mère.

La fille

Être fille : l'histoire d'une vie

De ce propos introductif sur la naissance d'une fille et des relations mère-fille, retenons qu'a été soulevée, à bon droit, la question du féminin identifié au maternel ou la relation mère-fille, qui nous donne quelque lumière sur le voile qui recouvre la féminité, chez la mère comme chez la fille. L'image de la complétude est en effet bien plus attrayante à nos yeux que celle d'une séparation, nous entraînant ainsi dans l'illusion de l'objet retrouvé.

Il est essentiel alors de trouver le point par lequel la fille qui est devenue femme glisse de la position féminine à la relation maternelle, dans l'ordre des relations humaines. Ce que la mère va donner à sa fille n'est pas un tout mais bien des fragments éparpillés de-ci de-là que sa fille va devoir rassembler pour se composer en tant que fille de cette mère.

Si l'enfant joue dans un premier temps, dans le désir de la mère, le rôle de « bouchon » au manque, cette complétude se brisera sur les conflits entre l'enfant réel et l'enfant imaginaire de la mère. C'est ce qui va justement nous placer au centre de la relation maternelle et du don, ce don maternel qui suppose que la mère comblera toutes les attentes de son enfant, même s'il sera aussi embarrassé par ce que sa mère lui a donné que par ce qu'elle ne lui aura pas donné.

Ce qui nous intéresse ici est lié à la question de la satisfaction féminine et de l'accomplissement maternel, à savoir là où se situe la mère comme autre de la demande d'amour. Cette image de sa fille que la mère va forger selon son envie, selon ses désirs et ses aspirations les plus secrètes, comporte d'ores et déjà, par elle-même, une ouverture sur un au-delà du statut de la mère qui se croit dans une possibilité infinie de transmission envers sa fille. Mais il est une évidence dont une mère n'a pas conscience ou qu'elle se cache délibérément dans le souci instinctif de préserver sa fille : une fille sera toujours tributaire de tous les manques qui ont guidé sa mère vers tel et tel trait de son narcissisme. Une mère élève sa fille à son image, la forge de ses mains et la façonne de son esprit maternel en puissance.

Dans cette relation de la mère à sa fille, nous savons aussi comment rater obstinément la rencontre avec leurs filles, pour certaines générations de mères, va cependant permettre, au-delà du positif ou du négatif, une création originale qui donnera à cette fille la force de se fondre immédiatement dans l'exigence de la parole d'amour et d'en tirer tout ce qu'elle pourra, pour occuper cette place si difficile de « fille de sa mère ».

Le fait même de naître fille crée une différence qui va demeurer au fil de l'éducation que va lui donner sa mère, d'autant plus pour la fille, car elle sera source d'énigmes et d'angoisse pour sa mère qui devra accorder cette similitude entre elle et sa fille pour lui permettre l'épanouissement qu'elle mérite. Si nous avons condensé ici les éléments qui inscrivent la division de la position féminine et maternelle, il nous faut aussi aborder une propriété fondamentale de la relation mère-fille. Car c'est justement cette identité en miroir qui éloigne sans aucun doute encore plus sûrement la fille de sa mère que le garçon.

À l'instant où la maternité et la féminité se rejoignent, c'est souvent l'ambivalence qui prend le pas sur l'admiration pour cette mère toujours surprenante, parfois ombre menaçante ou icône fascinante ; la mère se profile, apparaissant et disparaissant, mais marquant inexorablement le destin de son enfant.

Une petite fille modèle

D'après sa propre description, Géraldine a été une enfant sérieuse, jamais un mot plus haut que l'autre, tellement sage que son père l'a même crue autiste à un moment tant le fait de s'isoler dans son monde la ravissait et lui procurait un bien-être infini. « S'ils avaient su à quel point je souffrais en fait », me dit-elle, « Ma mère me semblait tellement loin de moi que je n'avais d'autre solution que celle de me replier sur moi-même et de me construire mon monde à moi avec ma mère idéale qui me comprenait et qui m'aimait surtout ! Le seul moment où je voyais un bref sourire sur la bouche de ma mère, c'était quand on lui faisait des compliments sur ma sagesse. Elle était fière mais qu'est-ce que ça m'a demandé comme efforts pour être à la hauteur. Et pour quoi d'ailleurs ? Car en grandissant elle m'en a voulu de ne pas rester sa petite fille modèle comme elle m'appelait. Je devenais trop envahissante, me disait-elle ! »

Il est significatif de constater d'emblée que c'est aux effets de sa séduction sur sa mère que la petite fille va s'intéresser et se positionner dans une attitude d'offrande immédiate. Le destin de la petite fille marqué dès le début de sa vie par la trace indélébile de la mère absente, prenante et castratrice. C'est une transmission douloureuse dont a hérité Géraldine, qui s'est affranchie de ce modèle idéal pour survivre, comme elle me l'a dit elle-même. C'était son parcours de fille d'exister d'abord à travers sa mère pour se construire. Elle a pu ainsi accepter tout ce qui était perdu de cette relation et comprendre que la fonction qui laissait supposer une énigmatique présence maternelle n'était présente que dans l'absence de sa mère.

Le flambeau de la féminité

Cette « condition du sujet » femme qui sera réitérée, toute notre vie durant, à travers diverses expériences révélées sous la forme d'une mise en actes au féminin, est la source même de la transmission de la flamme féminine de mères en filles.

Il est vrai que la réalité crue imposera à chacune de s'en débrouiller, à chacune de trouver sa façon de faire la femme. Qu'énoncent-elles ces mères ou que dénoncent-elles ces filles quand elles s'appuient sur leur propre nom pour masquer les effets irritants que l'on sait de naître au féminin ?

Si nous essayons ici de dépasser le devenir féminin pour s'attacher au rapport à la mère, nous constaterons que, quelle qu'en soit la version à privilégier, les femmes sont destinées à incarner ce fait qu'elles se doivent d'être mères avant tout, aux yeux des autres. Simplement peut-être pour se protéger, car si l'on s'en tient uniquement au féminin, il faut se rendre à l'évidence suivante : pour une femme, l'autre femme est rivale avant tout.

La jalousie se trouve donc dans la perte et les femmes ne le savent que trop bien, du reste, car lorsqu'on a accès à l'Autre côté, quelque chose vacille de son être même, que l'on concède à la féminité. Sur le double versant de ce que chacun d'entre nous a à perdre en regard de ce qu'il obtiendra, les deux manques ne se recouvrent pas. Il faudra alors choisir de quel côté l'on cède ce que l'on n'a pas, pour entrer sur le devant de la scène et se faire accepter à son tour. La première étape étant maternelle, c'est la mère qui donne ou non ces clés pour franchir le portail.

Quelle est la marque qui peut nous montrer ce que nos mères ont dû réduire, sinon anéantir, pour occuper cette place si chèrement obtenue ? Car il semble qu'aucune réciprocité n'a pu exister dans une telle relation, érigée sur la violence d'un monde obstinément masculin. Ces mères qui en souffrent encore au moment où elles transmettent à leurs filles ne montrent rien d'autre de la jouissance obtenue qui ne prenne alors le sens d'un prix payé lourdement par leurs filles si fragiles.

Elles en sont inaccessibles à force d'être accessibles, irritantes d'intégrité et de secrets qu'elles ont dû cacher de ce « continent noir[1] » si cher à Freud et à la psychanalyse. En effet, la littérature

---

1. Le continent noir chez Freud : dans les *Nouvelles Conférences*, Freud consacre la 33ᵉ conférence à la féminité et souligne particulièrement que la femme est une énigme, et que sa sexualité prégénitale reste un « continent noir » ; seuls les poètes ont pressenti ce que les psychanalystes déchiffrent péniblement.

psychanalytique consacrée à la féminité, vue et commentée par Freud, puis par ses successeurs, a soulevé beaucoup de polémiques, à propos d'une question non résolue jusqu'à nos jours : « Qu'est-ce qu'une femme ? »

Quel fil conducteur peut nous mener à toucher et comprendre la féminité que les mères et leurs filles incarnent ? Est-ce dans le silence des liens forgés et façonnés au fil des temps par toutes ces mères, dans lequel s'inscrit la douleur de la perte première qui fera trace sur le chemin de leur vie de femmes ?

Elles construisent leur destinée sur la séparation qu'elles infligent au monde passif et admiratif, car leur histoire ne prend sens que dans le renoncement et le don de soi, ce que les femmes ne connaissent que trop bien car on le leur enseigne depuis toutes petites ! En effet, quelle femme ne sait pas que c'est de la séparation première que naîtra la construction d'une vie, d'un chemin, d'un destin ? C'est-à-dire se rallier à la seule thèse qui découle d'un consensus historique, social et religieux : mère ou putain mais pas d'entre-deux, sinon dans l'indicible, l'inacceptable et... l'incompréhension, pour toutes celles, mères ou filles, qui s'y frotteront.

Est-ce un jeu auquel les femmes sont condamnées à perdre ? Est-ce un choix ? Sans doute pas, car quel choix peut-il exister fondamentalement entre le tout et le rien, exister ou se nier dans l'Autre ? Un parcours inconcevable quels que soient les siècles. Pourtant si l'on y regarde bien, les choses ont pas mal avancé, loin de l'époque où les femmes étaient toujours vouées à des destins secondaires d'épouses, de mères, jusqu'au faire-valoir de la maîtresse-concubine.

La première...

N'est-ce pas ce bon vieux Zeus qui entreprend un jour d'inventer un « beau mal [...], terrible fléau installé au milieu des hommes mortels », selon Hésiode. Il demande à Héphaïstos de créer un être inconnu, une femme – la première – que les dieux orneront chacun d'une qualité (sauf Hermès qui lui offre le mensonge), et qui reçoit pour nom Pandore, « don de tous les dieux ». Zeus l'offre à Épiméthée, dont le nom signifie « qui a réfléchi trop tard », et qui ne peut résister à l'attrait de Pandore. Celle-ci, dévorée de curiosité pour une jarre mystérieuse qui ne doit jamais s'ouvrir, soulève le couvercle, laissant échapper ainsi tous les maux dont souffre depuis l'humanité. Il ne reste, au fond de la jarre, que l'espérance, seule consolation (illusoire ?) accordée aux humains.

Une seule vertu reconnue à la femme, quels que soient l'époque, le temps, les lieux de l'Histoire, elle est mère... De tous les vices.

De nos jours, la féminité est redessinée, rééduquée et caricaturée, peut-être parce que les filles n'incarnent plus l'idéal de féminité défini comme tel par des hommes en mal de maternité, abandonné maintenant au profit d'une redéfinition du maternel et du féminin.

Les filles, et parfois même leurs mères, ont donc appris à se nommer hors de la continuité de l'axe généalogique qui ne suppose que la mère dans la filiation. Cela sans renier la lignée féminine, mais simplement pour s'en émanciper et pouvoir enfin se consacrer, en tant que femmes, à sa singularité de sujet à part entière.

Le miroir à deux faces

La relation de la fille avec sa mère en tant que lieu de structuration de son identité est indivisible de l'histoire personnelle de cette mère en rapport à sa propre mère : plusieurs générations fondent une relation mère-fille. Mais cette hérédité n'est pas close dans le sens où elle permet aussi à la relation mère-fille de s'ouvrir sur un monde nouveau.

L'identification à la mère est ambivalente et difficile car elle commence dès l'enfance, quand la petite fille va se tourner vers le père idéalisé par le complexe d'Œdipe. En effet, il s'agira pour la petite fille de s'identifier à celle qui n'est plus objet d'amour, à celle qui a déçu, qui a causé le manque. La chute de la mère comme objet d'amour, qui suit la découverte de la différence des sexes, a son corollaire : la dévalorisation des femmes et de la fonction maternelle en premier lieu. Pourtant, le défaut d'identité mis en lumière par Freud laisse, comme seule voie possible à l'identification féminine, l'identification à la mère.

Le fait est que, de toute façon, la relation mère-enfant présentifie un manque, que du point de vue du sujet, ce qui est premier, c'est le manque maternel et non pas la satisfaction du besoin, et qu'à la naissance, dans le berceau de notre histoire familiale déjà dense, le langage va nous précéder. Car ce sont bien les mots que cette mère va mettre dessus, le sens qu'ils vont prendre aux yeux de cette petite fille qui grandit, qui vont permettre à la fille de prendre conscience de ce double auquel elle va devoir faire face pendant toute sa vie. Cette confrontation en miroir assujettit l'enfant à la toute-puissance phallique de la mère.

Cette phase nécessaire de la comparaison mère-fille qui se reproduira maintes fois au cours des différents stades de l'éducation maternelle aura au moins le mérite de mettre en exergue les affects négatifs dressant mère et fille l'une contre l'autre.

À l'adolescence, au moment où leurs filles font un choix de vie que les mères ne contrôlent plus ou ont bien du mal à cerner, les mères reprochent souvent à leurs filles de ne plus leur correspondre, de s'exhiber et d'exiger d'elles toujours plus, autre chose. Elles sont dans cette recherche constante car ce qui est obtenu ne comble jamais ce qui est attendu.

Leur vraie force se trouve alors dans l'insistance de la différence : non, elles ne veulent pas être prises pour une copie conforme. Non, elles ne s'identifient pas à elles, à leurs manières, à leur idée de la vie… Enfin, c'est ce qui est dit tout haut pour s'offrir une consistance quand les filles savent très bien ce qu'elles doivent à leurs mères au fond d'elles. Nous revoici dans la dialectique de l'altérité, du même et du différent. Car ce qui trouble le regard de l'une et de l'autre c'est qu'elles sont, dans ces places qui *a priori* ne leur correspondaient pas, encore plus elles-mêmes qu'elles ne l'auraient cru.

Grandir pour exister

Hélène a une fille et deux garçons. Elle a toujours été très proche de sa fille, Maya, mais se rend compte maintenant qu'elle a 15 ans que sa fille lui échappe. Elle s'est rendu compte il y a peu que Maya lui mentait sur presque tout. « Au début c'était des broutilles alors je laissais plus ou moins passer et la semaine dernière j'ai appris qu'elle n'était pas allée en cours pendant deux jours et qu'en plus elle fumait ! J'étais vraiment choquée car quand elle est rentrée elle n'a rien laissé paraître et elle a même inventé une histoire avec sa meilleure amie, que j'ai crue. Je crois que c'est ça le pire, être dupe, c'est terrible de se laisser avoir par sa fille. Je voudrais tant qu'elle redevienne cette petite princesse avec qui je partageais tout. En plus je suis très cool dans mon éducation, la porte est toujours ouverte si elle a besoin et là je me rends compte qu'elle a vraiment grandi. Elle ne me voit plus comme sa mère mais comme une intruse dans sa vie. Elle m'a dit qu'elle avait le droit d'exister sans moi ! Je ne pense pourtant pas prendre trop de place dans sa vie... »

Prenons dans l'alternative cette volonté pour une fille à un moment donné de sa vie de maintenir séparée la position féminine de la position maternelle : pour devenir une femme faut-il s'écarter à tout prix de la mère, refuser cette mère pour y revenir seulement au moment opportun ? L'accès des filles à la féminité nécessite un refus de la maternité dans ce qu'elle représente à leurs yeux de femmes en devenir, c'est-à-dire leur mère, car à ce moment précis la maternité est un refus de la féminité dans le miroir mère-fille.

De nos jours nous manquons terriblement de modèles féminins auxquels nous identifier, entre le refus du mariage et de la maternité, celles qui font un autre choix de vie se sentent menacées dans leur féminité. Pourquoi ces hésitations… Parce que l'image perçue n'oscille encore (et toujours) aujourd'hui qu'entre l'archétype de la toute-puissance maternelle et la petite fille perdue. Est-ce simplement une question d'identité sexuelle qui prend corps et perturbe cette relation mère-fille ? Ce résumé de la situation est trop court ; l'horizon est si vaste du côté de la féminité.

Une mère peut être encore dans l'ignorance absolue de ce qui entoure sa fille au plus près de son intimité si l'une et l'autre ne s'autorisent pas à se regarder en face, à s'accepter telles quelles, sans détours ni faux-semblants. La relation mère-fille doit garder sa fragilité comme point d'appui pour que puisse en sortir une satisfaction commune qui n'a d'égale que l'exigence absolue dont une mère sait faire preuve quand elle met au monde une fille…

Préparer sa fille à être une femme dans un monde d'hommes…

Que veulent les filles et leurs mères en 2010 ? «Vouloir tout» résonne comme un vague refrain des années 1990… Peut-être en vouloir plus, ou simplement savoir ce que l'on veut justement.

Il est important, avant tout, de clarifier une approche qui paraît fondamentale dans l'exploration que nous menons sur l'image de la féminité et de la transmission de mères en filles. Si l'on nous inflige toujours comme seule explication plausible à l'épanouissement des femmes une absence, un manque, un vide à combler, qui ne reposerait que sur la séparation originelle de la mère et de l'enfant, sachons bien que tous ces éléments se posent en trop à l'égard de ce qui serait à dire. Ne nous méprenons pas : le voile que l'on jette pudiquement sur les femmes est transparent et laisse entrevoir ce qu'il recouvre, avec toute l'indécence que les hommes veulent bien y voir.

Faudrait-il alors réécrire l'Histoire ou se contenter de raconter des histoires, qui nous ramènent inlassablement au plus près du chapitre premier XX/XY ? Une chose est sûre aujourd'hui, le féminisme n'est plus à la mode, il est démodé, voire tabou de se dire féministe. Celles qui osent encore se qualifier comme telles sont montrées du doigt et écartées délicatement de toute discussion

« intellectuelle ». C'est du moins ce que l'on veut nous faire croire. Car s'il existe actuellement débat sur la position féminine, c'est celui du pouvoir que les femmes prennent malgré tout, avec, en filigrane, l'idée qu'elles ont pris une place qui ne leur était pas destinée...

Être une femme peut-il vraiment changer un plan de carrière ? La différence est-elle encore au goût du jour ? Reste à savoir de quel côté une femme va aborder sa carrière, en s'affirmant femme ou en se moulant sur le modèle - masculin - prédécoupé. Quoi qu'elle choisisse, c'est l'impasse : soit on dira de ces femmes qui s'assument matériellement qu'elles « en ont », soit qu'elles utilisent leur féminité avec toute la connotation supposée.

Les femmes entretiennent le culte du doute et les hommes ne le savent que trop bien. C'est pourtant ce qui les fait avancer, toutes celles qui se posent des questions à chaque pas, remettant en cause les allusions perfides aux enfants sacrifiés dans une vie de famille décomposée, pour être mieux recomposée. Pourquoi serait-ce une contradiction originelle d'être femme et d'avoir de l'ambition et du pouvoir ?

Si les mères osent donner ce nouveau souffle à leurs filles, c'est pour qu'elles vivent en tant que femmes une autre vie que leur mère et leur grand-mère. Alors, petit à petit, on affirme de mère en fille cette volonté d'égalité qui, bien plus qu'un rêve, s'approche toujours plus de la réalité. Mais certains hommes restent sur leurs gardes et préfèrent contourner la loi que de s'infliger une parité castratrice ! Car c'est le point de vue masculin dans toute sa splendeur : après tout qu'ont-ils à y perdre, ces hommes ? Le pouvoir justement, celui qui les fait exister en s'accrochant à leurs privilèges, si masculins par nature. Le pouvoir est violent dans l'essence même de ses applications. À qui va-t-on faire croire qu'il ne s'agit pas d'un combat ? Cependant, les femmes savent comment maîtriser la violence, comment l'enrober pour assumer, sans jamais céder.

Faut-il tendre alors vers un réel asexué, comme on le reproche aujourd'hui à trop de femmes qui ont trouvé la voie de l'égalité, si fragile ? Les principes sont restés les mêmes, la connotation sexuelle ne disparaîtra pas, si ce n'est pour exalter la particularité de chacune. Les filles de ce millénaire ne manquent de rien et n'ont rien à perdre.

La démesure, voilà ce qui vient travailler l'esprit masculin interloqué. Les femmes n'ont plus de chaînes, au sens figuré comme au sens propre, elles ne s'arrêtent plus et, pourtant, elles n'en veulent pas aux hommes, ce qui serait bien plus simple, finalement, pour eux. Les femmes veulent sauver les hommes ; elles ne se battent plus contre eux, comme au premier jour du féminisme. Ce qui est déroutant. Les hommes doivent continuer à faire référence et loi, avec les femmes, qui sont au-delà du discours féministe qu'elles ont intégré comme une composante de leur épanouissement, et non plus contre tout et tous.

Pourtant les mères enseignent à leurs filles de rester vigilantes, de ne pas s'endormir sur leurs acquis car c'est dans l'habitude que se crée l'indifférence, le discours selon lequel les détails ne vont pas changer la face du monde. C'est ainsi depuis toujours… Nous connaissons tous des femmes qui se résignent et disent : « Mais qu'est-ce que je peux y faire, moi ? » Pourtant, ce qui se passe à côté de chez nous est effrayant d'absurdité et de logique. Peut-être est-ce là que toutes ces femmes qui « réussissent » nous gênent, parce qu'elles ne font que nous rappeler combien elles sont peu nombreuses et combien leur dévouement est lourd à porter jusqu'aux sommets. On peut le regretter, y voir une atteinte à l'être humain, pour certaines, mais il est essentiel de ne pas laisser le silence s'y glisser. Est-ce que le droit au bonheur est hiérarchiquement masculin et maternellement féminin ?

Être à la hauteur !

Jasmine termine ses études de droit. Elle a 24 ans et consulte pour des troubles alimentaires. Elle se destine à une carrière d'avocate. Elle a pourtant beaucoup de doutes, du mal à trouver sa place dans sa famille : « Je viens d'une famille de femmes fortes, je crois que je peux le dire ainsi. Les femmes ont le pouvoir chez nous et les hommes sont plutôt effacés. Mon père ne donne jamais son avis sur rien... Je le regrette tellement. Ma mère est juge, ma grand-mère était médecin et ma sœur aînée est chirurgien. Les femmes sont dures chez nous, je crois que je n'ai jamais vu ma mère pleurer... Je ne suis pas sûre de vouloir la même chose, je trouve que c'est assez rigide. Même si je ne veux pas être une femme soumise, je pense qu'il doit y avoir un juste milieu à trouver. J'ai tellement peur de rater mon concours que je ne mange plus. Je n'ai pas le droit de faillir, la question ne se pose même pas ! »

De mère en fille, le combat pour exister et s'affirmer du côté féminin peut devenir bien lourd à porter si l'échange n'y est pas, ni la compréhension et encore moins le choix. Car la question reste de savoir ce qui est réellement en jeu dans le destin que la mère trace pour sa fille. Plus la théorie éducative approche de son aboutissement, plus la réalité échappe à la mère, comme à la fille d'ailleurs, tant il est complexe de perpétuer une telle lignée et de s'y inscrire pour accéder à l'épanouissement personnel.

Quelle réalité pour une fille comme Jasmine ? Celle que l'on commente depuis la nuit des temps et qui révèle un réel mortifiant pour les femmes de la naissance à la maternité, où celle qui relève de l'inexistence du savoir des hommes sur les femmes, c'est-à-dire du savoir qui ne sera jamais transmis, partagé, compris, car absent du réel comme l'est le père de Jasmine, noyé dans cet essaim de femmes qui ne lui laissent plus de place, *sa* place.

Chez les femmes de cette famille s'est forgée une réaction féminine construite sur l'émancipation de ce destin maternel, qu'elles ont intégré pour mieux le dépasser. Car quelle plus grande disparité dans le monde que le sort des femmes et celui des enfants qui les lient comme dans la plupart des pays ? Elles sont mères avant tout. Il n'y a plus alors que le couple mère-enfant dans le champ de la réalité cruellement sexiste, dans ce qu'elle offre comme solution aux femmes du monde. Comment s'accommoder de cette réalité aujourd'hui ?

Cela étant dit, toutes les femmes savent que plus elles se rapprochent du côté masculin, plus les hommes s'éloignent d'elles… En effet, un homme proche, voire très proche d'une femme, dira fatalement un jour ou l'autre qu'il ne comprend pas sa femme, ou cette femme, qu'il ne sait toujours pas ce qu'elle veut, ce qu'elle pense, ce qu'elle cherche, ce qu'elle désire…

Heureusement d'ailleurs, que les hommes n'ont pas encore tout compris aux femmes, car émotionnellement parlant cette certitude reste cruciale dans le rapport entre les deux sexes : la puissance de l'homme et la complexité de la femme, de mères en filles. Le lien entre les deux les rend exaltants, et nourrit la création, quoi qu'il en soit.

© Groupe Eyrolles

La mère : premier objet d'amour absolu

La petite fille : de l'amour à la haine

Dans sa relation avec sa mère, la petite fille est plongée dès sa naissance et même bien avant, pendant la grossesse, dans une sphère fusionnelle dans laquelle elle baigne jusqu'à se heurter à la réalité maternelle. Ce qui nous amène à parler de l'inconditionné de la demande d'amour et du désir comme condition absolue dans la demande sans limites de l'enfant à sa mère qui, bien entendu, n'y répond jamais dans l'absolu, ou de toute façon, toujours à côté. Le mérite de ce constat cruellement inacceptable dans sa réalité est la mise en valeur du rôle de la naissance comme première expérience vécue de l'angoisse et l'importance accordée aux expressions psychologiques de la séparation d'avec la mère.

Lorsqu'elle accouche d'une petite fille, la mère donne alors naissance au même être qu'elle, elle se reproduit à l'identique. Cependant la rencontre entre une mère et sa fille ne se fait pas là où on la suppose. C'est bien souvent en faisant un petit pas de côté que la mère trouvera ce que justement elle n'était pas venue chercher chez sa fille, et inversement pour la fille qui va découvrir sa mère comme elle ne l'aurait jamais imaginée. Et c'est là ce qui nous trouble dans cette relation hors-norme, en parallèle et tellement périlleuse. Pourtant, il faut bien des rendez-vous, manqués ou non, pour que tienne debout cette histoire de reconnaissance mutuelle, qui permettra à l'une et à l'autre d'exister. Par exemple celui de la haine que la fille va éprouver pour sa mère, qu'il s'agisse de la haine agressive ressentie pour la rivale phallique au stade où la petite fille se croit encore un petit homme, ou de la haine méprisante pour la femme castrée telle que la mère apparaît alors aux yeux de la petite fille, au moment où elle a découvert la castration et se tourne vers le père, celui qui comblera ce manque lors de la phase du complexe d'Œdipe.

Comment, alors, éclairer ce regard maternel, le rencontrer sans le heurter, exister en lui tout en restant dans l'obscurité de la féminité, cette enveloppe dans laquelle la petite fille se perd malgré elle et que l'adolescente ne maîtrise pas encore, bien qu'elle le croie.

Les implications de cette reconnaissance sont d'une importance fondamentale. En effet, le nourrisson sort d'un monde narcissique formé de toutes parts par sa mère toute-puissante pour entrer dans un monde dans lequel il va devoir reconnaître la réalité de la séparation d'avec cette mère et l'accepter. Il reconnaît sa mère, cette seule et même personne qui dispense gratification et douleur, et il découvre sa dépendance vis-à-vis de cet être séparé de lui sur lequel il ne peut exercer un contrôle tout-puissant. Sont entremêlés le désir que soit entièrement présente cette mère qui se fait parfois absente et une ambivalence à son égard, d'où une peur de la perdre du fait de cette ambiguïté et la culpabilité qui entre dans ce lien mère-enfant.

Un autre sentiment qui se fait jour au fil du temps qui passe, et de cette relation avec la mère qui prend les formes que cette dernière voudra bien lui donner, est le besoin impérieux de réparer, c'est-à-dire de restaurer et de regagner l'objet premier de notre amour que l'on a abîmé et que l'on a perdu, celui que l'on va passer sa vie à tenter de retrouver : le ventre maternel.

Un petit garçon représente davantage un mystère pour la mère alors qu'une fille va l'emmener en terrain connu et déjà conquis par sa propre mère. La mère pourra s'approprier ses sensations sans difficulté, comme elle les a reçues elle-même de sa mère ; elle peut les reconnaître et aller les chercher au fond d'elle-même.

Une évidence que chaque petite fille va apprendre au cours de sa vie : l'éternité faite femme se trouve chez la mère. Les mères portent en elles une histoire, l'histoire du monde, transgénérationnelle. Les femmes ne saisissent pas toujours les enjeux qui les traversent. Beaucoup de filles se croient alors dans une obligation absolue envers leurs mères, pourtant il ne s'agit pas d'une dette, il s'agit d'être celle qui nous habite intimement, celle qui aspire à vivre tout au fond de soi.

Car, quand nous donnons enfin la parole aux femmes, ce qu'elles nous enseignent et qui est essentiel, c'est de savoir comment elles s'inscrivent dans le livre de la vie : une inscription qui ne passe plus nécessairement comme autrefois par un accouchement ou, en tout cas, qui ne passe plus uniquement par la maternité.

Pourquoi une mère est-elle plus exigeante avec sa fille qu'avec son fils ?

Les mères élèvent leurs filles selon des principes stricts et autoritaires car elles se fixent dès le départ un modèle d'éducation absolu qu'elles doivent atteindre avec leur fille. Elles sont la référence féminine et si la fille ne réussit pas ce sera parce que la mère n'aura pas été à la hauteur, pensent-elles : elles sont le miroir de leur fille. Pour une mère, sa fille doit être autonome plus vite et apprendre très tôt à se débrouiller seule, la vie ne faisant pas de cadeau aux femmes, alors que le petit garçon va être plus longtemps dorloté et chouchouté car une relation de séduction s'instaure entre la mère et son fils. Si une mère est intransigeante avec sa fille c'est qu'elle attend d'elle la perfection. Voilà pourquoi les petites filles sont souvent plus débrouillardes que les garçons au même âge. Chaque mère va pourtant réagir différemment selon son histoire personnelle, en fonction de son rapport particulier à sa propre mère, de l'éducation qu'elle a reçue et de la façon dont elle a vécu sa position de petite fille, comme ses espoirs d'adolescente, jusqu'au fait de devenir mère à son tour. La transmission de mère en fille est toujours liée à l'histoire familiale et peut remonter à plusieurs générations de mères et leurs filles. Ce qu'une mère donne à sa fille maintenant résulte aussi de ce qu'une grand-mère aura donné ou refusé à sa fille et à ce qu'il en aura découlé, dans les actes comme dans les mots qui s'inscrivent profondément dans l'être.

Un lien évident et ambigu

« *Vous voulez en savoir plus sur la féminité, interrogez vos propres expériences de vie ou adressez-vous aux poètes, ou attendez que la science puisse vous donner des renseignements plus approfondis et plus cohérents* », nous disait Sigmund Freud dans une conférence sur la féminité en 1932.

Qu'en est-il aujourd'hui du savoir sur la féminité ? La complexité relationnelle qu'engendre le rapport à la féminité en fait un sujet d'étude permanent. S'il est encore difficile de cerner les méandres de la féminité, comment appréhender la relation mère-fille qui se double d'une histoire féminine superposée dans le maternel !

La spécificité de la relation entre une mère et sa fille se trouve dans l'identification intrafamiliale qui s'opère autant du côté de la mère que du côté de la fille. C'est ce qui rend cette relation si particulière. La mère peut être dans le fantasme de la petite poupée qu'elle a créée et qu'elle va façonner à son image. Son narcissisme fera le reste dans cette reproduction d'elle-même, avec toutes les conséquences que cela implique (voir le chapitre 5 page 64). Chez la fille, être dans le don de la vie que l'on reçoit en cadeau avec ce pouvoir immense de la donner un jour, et qui dépasse de loin tout ce qu'il y a sur terre, peut placer la fille dans un état de dépendance absolue dont elle va se sentir toute sa vie redevable à l'égard de sa mère sans jamais pouvoir s'en émanciper. Enfin, chez la fille articulée avec sa mère dans le lien parental, seule la relation mère-fille est privée de pénis et implique que l'Autre soit le complément phallique : c'est la connexion avec la question de la castration maternelle dans le rapport de la fille à la mère qui n'est rien d'autre que la mère phallique, que la mère avec son fétiche. En effet, pour une mère avec son fils, ou un père avec sa fille ou son fils, la question ne se pose pas en ces termes puisque le pénis existe physiquement et tient son rôle.

C'est pourquoi la complicité mère-fille est aussi plus évidente qu'avec un fils dans les mots et dans les gestes subtilement féminins. Si la fille tend en plus à sa mère un miroir dans lequel celle-ci va se

55

reconnaître, elle suscitera un sentiment de fierté appuyé sur le narcissisme de cette mère : la fille permet alors de révéler la vérité du fantasme maternel. C'est la raison pour laquelle filles et mères se parlent davantage – des études scientifiques l'ont prouvé.

Je lui dis tout !

Éloïse parle de sa mère avec admiration, c'est son modèle, elle lui confie tout de ses histoires les plus intimes. « Nous n'avons aucun secret l'une pour l'autre, je lui parle de mes chagrins d'amour et elle me raconte ses aventures depuis qu'elle est séparée de papa. Je la conseille, elle me rassure, nous sommes complémentaires. Parfois j'ai l'impression que l'on est qu'une seule et même personne... J'ai bien conscience que c'est trop. Ce sont surtout mes amies qui me le font remarquer car il m'arrive de refuser des sorties entre copines pour rester auprès de ma mère quand je sens qu'elle ne va pas bien. Pour l'instant je n'ai pas de famille à moi mais je suppose que le jour où je vais rencontrer l'homme de ma vie et avoir des enfants, cela pourra peut-être poser un problème... Pas à moi mais à mon mari ! »

Ah, la complicité totale, celle dont rêvent toutes les filles... Mais pas forcément avec leur mère ! Car lorsqu'on en arrive à ce point fusionnel on se doute qu'inévitablement, un jour ou l'autre, le clash sera d'autant plus fort. D'ailleurs Éloïse n'est pas dupe et sait pertinemment que ce qu'elle donne à sa mère n'est pas sans conséquence sur son propre équilibre mental comme physique.

Se confier à sa mère est une chose, vivre à travers sa mère en est une autre et la séparation risque de laisser des traces indélébiles qui n'en finiront pas de marquer l'une avec l'autre. Il y a une limite invisible à ne pas dépasser dans la relation mère-fille, celle qui permet à l'Autre

d'exister par elle-même, sans condition liée à cette analogie si difficile à dépasser pour la fille tant que la mère ne l'y autorise pas.
Une fille doit pouvoir, elle aussi, accéder à sa propre altérité qui la
portera vers sa position féminine en dehors du maternel et lui for-
gera la place qu'elle doit prendre pour incarner cette femme qu'elle
est devenue, grâce à sa mère.

Fille malgré soi...

Côté femme, il n'y a nulle bannière sous laquelle se rassembler car
il n'y a pas d'universel et, par là même, que du singulier. Pas de référence absolue ni de maître en la matière. Chaque femme a une place
à part dans son histoire, dans sa vie quotidienne. Pas de généralités
possibles du point de vue féminin : c'est bien là qu'existe toute
l'incompréhension mêlée de fascination que suscitent les femmes.
L'image de la femme a changé et n'est plus, *a priori*, basée sur le
même plan pour les filles de notre génération.

D'entrée de jeu se pose l'hypothèse que, dans la position féminine,
le rapport mère-enfant dépasse la simple thématique psychanalytique mère-fille pour se répercuter à tous les niveaux de la position
acquise dans la société. Être une fille, c'est se mettre à cette place
définie par les autres et s'y accrocher, envers et contre tous. Contre
tous ou surtout envers toutes celles qui n'y sont pas, là où on les
attendait ? Car naître fille, c'est être façonnée par un moule prédé-
terminé à sa condition féminine, sauf pour toutes celles qui ne s'y
retrouvent pas et partent sur les chemins de traverse.

Ce qui torture les autres femmes et les mères, sans parler des
hommes ! C'est ce que ces femmes « rebelles » ont trouvé dans le

jeu de clés du côté féminin, sans qu'il y ait de savoir articulé sur cette position. Les effets de l'émancipation féminine sur la fonction maternelle ne sont pas anodins : bien au contraire, ils sont porteurs d'une nouvelle identité féminine qui déplace la relation mère-fille traditionnelle.

Ces femmes-là, contemporaines ou non, ont trouvé à quelle condition on leur ouvrirait la voie vers cette jouissance autre, qui n'est pas toute féminine et qui leur offre justement l'accès à leur désir, au même titre qu'un homme pourrait le faire, sans concession. Ce qui bien entendu n'a de sens que dans la manière dont chacune l'abordera dans sa vie. C'est une rencontre, un détail, un jeu parfois, une remise en question souvent, voire un rêve ou une promesse faite à elles-mêmes, mais tout cela toujours dans ce qui leur permet de nouer leur désir avec cette touche de réel qui laisse perplexe celui qui se retrouve en présence du fameux objet féminin. Elles soutiennent là ce qui est au-dessus du regard des autres. Elles s'éloignent délibérément du modèle imposé et s'en épanouissent d'autant plus.

Depuis Jeanne d'Arc (1412-1431), on connaît beaucoup de femmes rendues célèbres par leurs actes et leurs titres, mais qu'évoquent-elles en nous et que symbolisent-elles ? Elles ne correspondent pas aux stéréotypes féminins et ont « débordé » la femme passive. Mais que veulent-elles de plus que toutes les autres ? Bref, à travers l'expérience d'un ordre social « sexuellement » ordonné, on attend d'elles qu'elles soient féminines avant tout. Pas d'exception si ce n'est dans une impasse.

Quand les femmes déplacent cette barrière pudiquement féminine censée les protéger, les tenir à leur place, elles s'autorisent une issue inattendue comme : « *Je n'ai rien à dévoiler puisque je n'ai rien à cacher. Vous me voyez telle que je suis.* » C'est alors que la femme occupe la place du réel dans le fantasme, insistant à cet endroit où demeure l'intolérable. Ces filles-là font preuve d'une confiance en elles qu'il n'est pas facile d'acquérir et encore moins d'exhiber aux yeux de tous.

Un vrai garçon manqué

Juliette a 22 ans et ne se définit pas comme une fille ; elle n'aime pas « tout ce qui fait fille » et raconte : « Le maquillage, les talons, les fringues colorées, les bijoux... J'ai l'impression d'aller au carnaval dès que je dois en mettre. Je ne vois pas pourquoi je devrais m'imposer tout cet attirail, on doit m'apprécier pour moi-même et non pour tout ce que je vais mettre par-dessus ma personnalité. Il n'y a rien de mieux que le naturel pour se sentir bien et à l'aise dans sa peau. Attention, ça ne veut pas dire que je me néglige mais j'ai appris à m'aimer telle que je suis. Ça n'a pas été simple avec la mère que j'ai ! Petite, elle passait son temps à me mettre des robes, des froufrous, d'ailleurs à chaque fois qu'elle me voit elle me reproche ma tenue. "Je n'ai pas mis au monde un garçon !" me dit-elle. Mais moi je me sens fille. Quoique à côté d'elle ce n'est pas facile, elle est toujours apprêtée, perchée sur des talons de 10 centimètres, même pour aller chercher le pain. Je crois que je ne l'ai jamais vue sans maquillage car, dès qu'elle se réveille, elle court dans la salle de bains. Petite, cela me fascinait, je restais des heures à la regarder se transformer ; c'était magique pour moi mais bien trop irréel. Elle me reproche d'être un garçon manqué, moi je ne trouve pas. On peut se sentir fille de l'intérieur et ne pas vouloir ressembler à tous ces clones de magazines ! »

Juliette s'est construit une personnalité directement en regard de celle de sa mère qui était son modèle et dont elle est parvenue à

s'éloigner pour se connaître elle-même en tant que fille. La féminité ne va pas toujours de soi même avec une mère plongée dedans
jusqu'au cou ! Le trop suscite parfois le rejet dans la transmission
mère-fille. La réaction de Juliette est alors proportionnée à l'insistance de cette mère qui veut la maintenir à tout prix dans ses jupes.
Elle ose ainsi montrer à sa mère comment une femme peut construire sereinement sa personnalité en dehors du diktat maternel. La
réaction d'une fille par rapport à l'emprise maternelle est toujours
révélatrice de son identité féminine, en devenir ou en réalisation.

Deuxième partie

Les couples mère-fille

Mères envers et contre tout !

La reine mère ou la mère exclusive

Il y a un point défini par lequel la femme glisse vers la mère, un instant particulier qui n'est pas le même pour toutes les femmes. Pour certaines ce sera précisément le moment où elles accouchent : cette rencontre magique avec leur bébé fera tout. Pour d'autres ce sera pendant la grossesse, les premiers mouvements dans leur ventre qui vont réveiller cet instinct maternel, alors que parfois il faudra bien plus de temps à certaines femmes pour se révéler mères de leur enfant. Elles attendront de le découvrir pour enfin le reconnaître et ne plus jamais douter de ce lien maternel si intense.

Quand la mère investit sa fille de sa toute-puissance et ne s'en détache plus, c'est dans une véritable tourmente que rentre la relation mère-fille. En effet, si l'enfant ne représente pas un enjeu assez fort entre le père et la mère, il risque d'être un objet de comblement, de jouissance pour la mère. Il n'y aura donc plus alors que le couple mère-enfant, dans le sens où le désir est corrélé non plus à la mère mais au phallus. C'est ce pourquoi la mère est phallique, son manque la fait ainsi. Notons qu'une mère phallique peut être très aimante comme haineuse. La dépendance à l'objet enfant est strictement déterminée par le rapport de la mère à la castration.

La petite fille devient concrètement le centre du monde maternel, la mère n'existant que par sa fille, qui la valorise, la porte, la sublime en tant que mère aux yeux des autres. Pas question donc de s'en détacher un seul instant, et de prendre le risque de ne plus exister comme mère. Impossible pour la petite fille de s'en éloigner et pour la jeune fille de s'en séparer.

Tout ce qui peut être une menace à ce couple si particulier mère-fille est rejeté par la mère exclusive, dont, en premier lieu, le père, qui ne trouve pas sa place dans ce duo « fermé de l'intérieur ». Le père, qui a le rôle primordial de tiers séparateur, est exclu et reste souvent passif devant cette abondance maternelle qui déborde de toutes parts.

La mère se trouve alors dans une satisfaction infinie qui ne permet aucune faille dans sa domination maternelle. Elle dirige en reine mère, s'attribuant tous les pouvoirs et bien plus encore, soumettant ainsi sa fille. Si la séparation d'avec la mère est devenue problématique, voire impossible sans une culpabilisation à outrance de la mère envers sa fille, c'est surtout du point de vue de la fille qu'il faut s'en inquiéter car cette mère la dévore littéralement et la prive de toute construction identitaire en la maintenant dans une dépendance forcée. Sans lien vers l'extérieur, la fille se complaît dans cette relation idyllique jusqu'au jour fatal où elle ira voir ce qu'il se passe de l'autre côté… Et la découverte risque d'être bouleversante pour cette relation que la mère a cloisonnée en son sein.

Un réveil difficile...

Armelle est une femme brisée. Elle consulte pour dépression à 36 ans mais ne sait pas vraiment pourquoi elle est là. Elle ne parle que de sa mère qui lui manque dès qu'elle ne la voit pas et qui l'insupporte à chaque fois qu'elle la retrouve. Elle n'en peut plus de cette relation qui l'empêche d'avancer, dit-elle, de se construire. Elle se rend compte qu'elle ne vit que par et pour sa mère, mais ne sait pas comment faire pour vivre autrement « sans lui faire de mal », me répète-t-elle à la fin de chaque séance.

« Je n'arrive pas à lui dire ce que je pense, d'ailleurs elle ne m'en laisse pas le temps. À chaque fois que je la vois, donc tous les jours, elle m'accable de reproches. Elle me dit que je ne m'occupe pas assez d'elle, après tout ce qu'elle a fait pour moi. Elle me donne son avis sur tout et si j'oublie de lui dire que je sors elle m'en veut ! L'autre jour elle m'a fait la tête pendant deux jours parce que je suis partie en week-end chez ma cousine et qu'elle ne voulait pas venir. Elle m'en a voulu d'y aller quand même. Pourtant il a fallu que je lui raconte tout en détail. Je ne vois pas comment je pourrais avoir une vie privée avec elle. Elle se plaint de ne pas être grand-mère et me dit que si ça continue je vais finir vieille fille. Mais c'est sa faute ! J'ai l'impression qu'elle me garde au chaud dans son rêve car il n'y a de la place que pour elle dans ma vie et c'est comme ça depuis que je suis née. En plus je suis fille unique ! »

Quand une mère impose sa dictature à sa fille, il n'y a pas vraiment d'autre choix pour cette dernière que la coupure nette. À vouloir ménager cette mère absolue, Armelle s'oublie dans un rôle écrit pour elle dès sa naissance, mais elle a grandi et le cocon a craqué.

La mère exclusive fait de sa fille le lieu de son investissement narcissique. Elle s'y voit, s'y plaît, s'y retrouve et s'y régale. La fille est un objet de contentement. Sans interdit structurant établi par la mère, la séparation ne pourra pas avoir lieu. Alors, le destin féminin de la fille est compromis : elle en devient le symptôme de sa mère.

Cette méconnaissance totale du désir d'Armelle par sa mère maintient ce couple mère-fille dans une illusion qui ne pourra durer, si ce n'est dans la perte. Une fille doit trouver un autre modèle que celui de sa mère pour devenir femme. Lorsqu'il n'y a pas de tiers pour faire barrage à cette emprise de la mère, les conséquences s'avèrent catastrophiques pour la fille. La mère a surinvesti sa relation à sa fille qui ne peut que céder ou s'enfuir, car vouloir protéger cette relation la plonge dans une souffrance destructrice pour son identité féminine. Armelle doit s'autoriser à aller voir ailleurs sans culpabilité.

Le paradoxe identitaire que vit Armelle l'oblige à rester auprès de sa mère à qui elle est liée – nous sommes différentes mais au fond nous sommes les mêmes –, elle va devoir se focaliser sur une autre personne, en commençant par elle-même pour se détacher petit à petit et enfin s'émanciper de l'Autre maternel. Son individualisation ne peut passer que par le renoncement à cette relation fusionnelle qui ne lui laisse pas de place dans le couple mère-fille.

Se sentir plus mère que femme

La maternité est revenue sur le devant de la scène : être enceinte, c'est *fashion*, devenir maman, c'est le top de la tendance. Fini le temps où les femmes se cachaient pendant neuf mois en attendant d'accoucher, la maternité est devenue l'apogée de la féminité !

En 2010, la symbolique de la féminité est celle que l'on nous exhibe chaque jour et qui se veut rassurante, caressante, féconde, excitante, mais jamais dénaturée. C'est nous dire par là combien il serait mal venu d'envisager toutes ces icônes, ces beautés fatales sans prendre en compte leur évidente maternité… Accomplie et désirée. Comme une victoire phallique de plus sur toutes celles qui n'ont pas atteint cet au-delà de la féminité, y compris dans cette complétude que procure inexorablement l'état de grossesse quand il arrive au moment prévu dans un planning surbooké, mais juste à temps pour entrer en scène avec maman et respirer l'air du temps. Cela dans le sens où il relègue toujours plus loin toutes ces femmes qui ne connaissent que trop les « effets secondaires » de l'enfantement, de la vie de madame Tout-le-monde, épouse et mère de famille, qui espère toucher au luxe du résultat dans un miroir qui n'atteint jamais la perfection promise par les médias. De nos jours, devenir mère se travaille, se mérite.

C'est pourtant dans un langage universel que les recettes et les potions sont élaborées. De là à penser que les femmes sont complices de cette « mascarade maternelle »… Car c'est avec leur consentement que l'on met en exergue les pouvoirs infinis de la maternité après les avoir tant décriés. C'est un juste retour des choses pour les nombreuses femmes qui en ont tant souffert les générations précédentes, une délivrance pour les autres et un poids de plus pour celles qui ne se reconnaissent pas dans la maternité flamboyante que l'on se doit de montrer. Ironie du sort, ironie d'un temps impitoyablement féminin !

Une seule chose est sûre, la magie du conte de fées fonctionne à merveille du côté des filles et fait encore des étincelles dans les esprits trop culpabilisés de ces femmes en demande d'absolu. La quête de l'homme et de la famille parfaite est inextricablement liée à l'enfantement, même remis au goût du jour. Car toutes ces femmes qui s'épanouissent dans l'univers maternel et l'œuvre de leur féminité n'expriment pas une plainte lascive comme le guette une foule aux abois, mais sont bien dans un accomplissement subtil du lit de la nature humaine qu'est la fascination pour leur enfant, pour leur famille. Elles existent d'abord comme mères et en tant que mères de leurs filles. Elles sont dans la duplication de leur être avant tout, dans la continuité.

Si ces femmes définies seulement comme maternelles sont portées aux nues de nos jours, c'est pour rassurer une société qui se cherche et doute fortement d'elle. En effet, si nous suivons le cheminement de cette pensée « raisonnable » et raisonnante comme un cri d'alerte devant toutes ces femmes modernes, épanouies dans leur travail et aussi à l'aise en dehors de leur famille qu'à l'intérieur, ce qui gêne c'est surtout qu'elles sont pleinement dans une structure de détachement, d'éloignement... De mères « abandonnantes », aux yeux éberlués des hommes et des autres femmes. Encore une bonne raison de mettre ça sur le dos des femmes.

Dans la relation mère-enfant, à mettre l'accent sur le maternage, avec les notions de carence maternelle, de « bonne » ou de « mauvaise » mère, de frustration et d'adaptation de la réalité, les femmes se sentent souvent perdues dorénavant et ne se font même plus confiance, se posant des questions là où leurs mères agissaient. La transmission mère-fille a évolué de ce point de vue-là. Pourtant, les mères d'aujourd'hui sont d'aussi bonnes mères, voire de meilleures que les précédentes sur un plan générationnel, car elles sont plus impliquées dans la communication et le partage avec leurs filles.

Je suis ta mère !

Anita est une jeune fille de 18 ans qui aspire à une vie de femme épanouie. Elle a des rêves plein la tête et vient me voir après un avortement. Elle est accompagnée de sa mère qui affiche tout de suite sa désapprobation devant la « tournure que prend la vie de sa fille ». Seule avec moi, Anita appuie sur le fait qu'elle n'a pas encore envie de devenir mère et qu'elle espère un autre destin pour elle. Elle a tellement de choses à faire avant de fonder une famille. « Mais ma mère ne pourra jamais comprendre mon point de vue. Pour elle, ses trois filles sont toute sa vie et elle ne m'a jamais rien appris d'autre qu'à me préparer à la maternité, ce dont je ne veux pas pour l'instant. Elle me répète tout le temps : "Je suis ta mère, c'est moi qui décide !" Pourtant, j'ai le droit de vivre ma vie de femme avant de devenir mère. »

Le choix entre la femme et la mère n'est pas toujours aisé et loin d'être évident, même pour les jeunes filles d'aujourd'hui, car s'il est une chose qui se transmet sans condition par la mère, c'est bien ce désir maternel dans lequel ces femmes qui sont « toute » mère s'accomplissent. Entendre que sa propre fille ne suit pas cette voie déjà toute tracée mais en plus la rejette, comme le fait Anita, est une souffrance profonde pour sa mère et une offense à la lignée maternelle qui s'est poursuivie et ne doit pas s'arrêter, même temporairement.

Exister un temps en dehors de la maternité est encore inconcevable pour beaucoup de femmes, mères ou non. Choisir de le vivre revient à être égoïste et coupable, car c'est faire passer la sexualité avant la maternité. La mère voit ce choix comme une atteinte à son autorité maternelle : elle a failli là où le doute n'avait pas de place. La jouissance de sa fille lui est insupportable dans ce qu'elle lui renvoie implicitement. La fille rejette ce qu'elle ne peut accepter, à savoir l'anéantissement du désir féminin et de l'individualité que lui a pourtant inculqué sa mère. Nous avons ici une réponse de la fille à l'empreinte maternelle idéale : elle est dans la faille que la maternité ne peut pas combler.

Elle s'engage donc dans une réflexion qui comporte d'elle-même un au-delà de la mère dans sa vocation castratrice, puisqu'elle tente de dépasser cette version culpabilisante, tributaire de tous les manques à venir, et que, quel que soit le chemin envisagé, il lui faudra se justifier de ce qu'elle cherche et de ce qu'elle n'a pas voulu céder du côté maternel.

La reconnaissance de la femme, sans la mère, n'est-elle possible que dans un espace de faute et de culpabilité ? Ces femmes qui refusent de se prêter à la mascarade phallique pour s'inscrire dans le lien social devront-elles le payer, d'autant plus qu'elles engagent l'essence même de leur féminité comme point de repère de leur avancée victorieuse ? Ces femmes narguent le monde en renvoyant une image dont la valeur ne tient plus ni dans les symboles maternels ni dans la place attribuée à toute femme dès sa naissance, bien loin de l'alliance éternelle scellée entre maternité, sacrifice et douleur... Bien trop loin aux yeux des autres.

À mères parfaites, filles angoissées

L'image de la mère parfaite représente un mythe, une légende et bien plus encore une réalité quotidienne pour toutes ces mères qui placent la barre si haut que leurs filles ne pourront jamais l'atteindre et se retrouvent dans une fragilité et un doute profond comme seul rempart de leur accomplissement maternel. Lorsque votre mère a réussi – en apparence – sur tous les tableaux, menant de front toutes les fonctions imaginables avec un sens absolu du sacrifice et du dévouement à sa famille, que vous reste-t-il si ce n'est l'angoisse profonde de ne pas être à la hauteur de ce modèle presque irréel tant il touche à la perfection ? Quand une fille ose s'aventurer sur ce chemin miné, suivant les traces laissées intentionnellement par sa mère, elle le fait à ses risques et périls, car elle n'aura pas le droit à l'erreur sous le regard maternel inquisiteur. Nous savons tous que la mère idéale n'existe pas. Pourtant il nous est bien difficile de renoncer à ce rêve de perfection qui nous suit depuis toute petite déjà, avec nos poupées si parfaites et nos rêves de famille féerique. Une mère a-t-elle le droit d'avoir une vie de femme en dehors de sa famille et d'y trouver son équilibre ?

Le mouvement de libération des femmes qui nous appelait à une ère nouvelle a souligné l'évidence, relevé les immuables injustices faites aux femmes et à leurs filles, mais l'essentiel ne réside-t-il pas dans le regard de l'Autre qui, dans les hauts lieux moralisateurs, renvoie les femmes à leur vulnérabilité, leur illégitimité et les laisse dans l'ineffable contrainte des tourments d'une société toujours plus exigeante avec celles qui se doivent avant tout d'être des mères exemplaires ? Quels statuts, quels pouvoirs pour ces femmes qui en veulent trop, nous dit-on ? Trop pour qui, trop pour quoi ? Les femmes sont dans l'acte même, elles donnent, elles ne reprennent que rarement, elles assument, elles souffrent et transmettent leur amour, quoi qu'il arrive.

À l'heure de la mondialisation, seule la femme n'apparaît pas uniforme dans sa vie de citoyenne. L'image la plus admirable de la femme est représentée par les icônes où l'on trouve une expression quasi pure d'un tel amour maternel inaltérable, car la vérité qui y transparaît est qu'il n'est pas d'autre chemin pour la femme que la voie qui mène à la mère.

C'est pourquoi le monde a toujours fait de la maternité la réalisation de la femme et de l'accouchement le modèle de la jouissance spécifiquement féminine. C'est un dogme présent dans toutes les sociétés, dans toutes les cultures, de celles d'hier à celles de demain.

Même si l'on vous dit qu'une bonne mère est celle qui se remet en question, cela est plus facile à dire qu'à faire. Car la culpabilité est livrée avec l'arrivée du bébé et sans le mode d'emploi ! Une femme peut être plus à l'écoute de son enfant en le voyant quelques heures par jour qu'une mère épuisée toute la journée par son enfant et qui ne partage pas vraiment d'activités avec lui. Le manque crée le désir dans la relation mère-enfant, comme dans toute autre. Une maman pourra parler à son enfant de son travail, pour qu'il s'imagine ce qu'elle peut faire sans lui. L'important étant la présence affective réelle de la maman ou du papa ! Une mère transmet à sa fille bien plus qu'il n'y paraît dans l'éducation qu'elle lui donne et quand la fille doit devenir mère à son tour, tout ce qui était enfoui revient à la surface et plane au-dessus d'elle comme une épée de Damoclès maternelle. Pourtant, la qualité des instants passés prime sans conteste sur la quantité.

Une mère de trop !

Coralie est jeune maman depuis trois mois. Son fils Bastien est un vrai bonheur, mais sa mère lui pose problème. En effet, elle ne sait pas comment lui dire qu'elle voudrait faire les choses toute seule. Au début, elle était ravie des conseils de sa mère mais la situation devient pesante car celle-ci intervient tout le temps et la reprend sans arrêt en comparant : « Moi, quand tu es née, je te tenais comme ci et je te donnais le bain comme ça. Tu devrais faire de cette façon, ça marchait toujours avec toi, surtout ne fais pas ça, etc. »

Si bien que Coralie a parfois l'impression que ce n'est plus elle la mère de Bastien : « Là, elle dépasse un peu les bornes ! » me dit-elle. Pourtant elle ne veut pas se fâcher avec sa mère, qu'elle aime énormément.

Il n'est pas toujours évident pour une mère de voir sa fille devenir mère à son tour, surtout quand elle s'est érigée en mère absolue qui n'a jamais failli ! De plus, accepter que sa fille soit mère, c'est se voir reléguée à la place de grand-mère, donc renoncer aux prérogatives qui vous positionnaient au-dessus de tous. La mère est la référence, la sainte, l'unique et, quand le tour de la fille arrive, c'est une véritable remise en question que beaucoup de mères refusent. Elles s'accrochent ainsi comme elles peuvent en gardant leur secret maternel comme un trophée qui ne pourra jamais leur échapper. Ainsi, leurs filles restent dépendantes de ce matriarcat qui les maintient à leur place de petite fille, même devenue mère. Commence alors pour la fille un long chemin à parcourir pour trouver la force de pousser sa mère à sa place de grand-mère et de s'attribuer tous les pouvoirs qui lui reviennent de droit. Encore faut-il savoir personnaliser cette place pour ne pas rester dans la reproduction, mais avancer vers une autre définition maternelle qui permettra à la fille de se réaliser dans son nouveau statut de mère unique pour son enfant, fille ou garçon.

Rencontrer sa mère dans la maternité

Passer de l'état de « fille de » à celui de « mère de » est un moment très délicat dans la relation mère-fille. Les places vont être bouleversées et les rôles vont s'inverser. La grossesse d'une fille inclut nécessairement une autre relation à sa mère qui passera par la découverte de l'Autre féminin que l'on ne connaissait pas de cette façon et par des échanges essentiels entre mère et fille, conditionnés par « l'image de ma mère » dans « mon rôle de mère ». La transmission maternelle s'accompagne toujours de la confiance maternelle lorsqu'une fille se prépare à devenir mère. L'incarnation de la féminité qu'implique la maternité peut réveiller une blessure narcissique chez la mère, car si la femme change, la mère est immuable dans sa représentation. Elle reste la seule sur qui la fille peut compter.

La complicité mère-fille peut alors ressurgir si elle s'était effacée, quand la fille devient mère et qu'elle recherche alors auprès de sa mère le secret du passage de la relation maternelle à la maternité réelle.

La mère idéale

La culpabilité maternelle : femme avant d'être mère

Il ne faut pas oublier que, pour la petite fille, sa mère est avant tout le modèle de féminité qu'elle aura sous les yeux dès sa naissance et auquel elle va se comparer pendant de longues années. Certaines femmes deviennent mères sans que cela soit un aboutissement de leur féminité et encore moins un accomplissement de leur destinée. Toutefois, cela ne remet pas en cause leur amour pour leur fille, qui s'exprimera différemment.

Ainsi, dans les configurations les plus variées de la personnalité féminine, ces femmes qui ont mis en place un projet plus féminin que maternel pour s'épanouir ouvrent des portes au-delà de ce qui conditionne la globalité maternante dans laquelle on les considère. Ce sera nécessairement un résumé dressé trop vite, et de toute façon orienté en direction du sexe, de l'instinct, de ce qu'elles n'ont pas réussi à transmettre et qui sera forcément mis au grand jour par leur défaillance, que l'on exhibe sans plus d'explications. Il y a ces femmes-là et les autres femmes.

Ce qui est certain, c'est que ces femmes ne sont pas vues en tant que « femmes comme les autres », on les tient bien à l'écart, elles sont des modèles, des caricatures, mais pas de vraies femmes en tant que telles, pour une société demandeuse de maternité à outrance, faisant étalage de l'image rassurante qui sépare les deux sexes. Une fille naît pour devenir mère ou n'est rien !

Comment considérer alors ce qui pousse une femme à vouloir aller voir un peu plus loin que son rôle maternel prédéfini, aller à la rencontre des hommes, sur leur terrain, là où il n'y a pas encore de place naturelle pour elles, sans qu'elle ne soient de trop si ce n'est de trop peu… Et s'il s'agissait d'entrevoir, sous cette abondance de féminité au vu et au su de tous, la quête d'une nouvelle éthique féminine ? Au contraire, ces femmes, en intégrant la voix des hommes en écho à celle des autres femmes, changent le sens de la « solidarité féminine » pour mieux la servir. Elles endossent la culpabilité faite femme et s'en servent comme cheval de bataille.

En ce point-là, la femme qui ne s'exprime pas exclusivement dans cette maternité est jugée pour s'être mise à la place d'un homme. Elle montre seulement son extériorité au lieu où la raison vient buter, à l'instant même où elle résiste à la pensée maternelle dont elle présente, aux yeux de tous, un négatif intime : une bonne mère se doit entièrement à son enfant sinon qu'en adviendra-t-il ? Cela est encore plus vrai si c'est une fille. Quel exemple inconcevable va-t-elle avoir comme référence ? Pourtant, si une mère n'est pas que mère mais laisse un peu de place à son enfant pour exister sans elle, elle n'en est pas moins bonne mère pour autant car sa fille saura très bien y trouver son compte et s'en accommoder. L'espace vital donné à l'enfant est tout aussi primordial pour lui que la présence maternelle. Une mère qui n'est pas dans la toute-puissance maternelle ne délaisse pas son enfant si elle sait lui donner les bases de la sécurité affective essentielle à son développement. Il en va autrement de la mère défaillante qui s'efface complètement de ce rôle maternel qui lui pèse et le fait passer dans ses actes et dans ses mots.

Une mère absente

Anaïs est une jeune fille de 17 ans, épanouie, qui profite pleinement de la vie. Trop pour certains car elle a tendance « à s'éparpiller », comme le dit son père. Elle se cherche constamment et ne se trouve pas vraiment, elle n'aime rien et prend tout ce qui vient avec légèreté. « Je ne vois pas pourquoi je m'en ferais alors que personne ne se préoccupe de moi. Ma mère est toujours partie à l'autre bout du monde, son travail passe avant tout et mon père... Ce n'est pas pareil. Il est là mais je ne me sens pas vraiment proche de lui. Donc je fais un peu ce que je veux, quand je veux, comme je veux ! »

Lorsque la mère est effectivement absente et que la relation avec sa fille s'est bâtie sur ce manque du côté de la fille, il n'est pas rare que dans sa construction identitaire elle se cherche un autre modèle, plus rassurant, plus adéquat avec sa demande d'amour maternel. L'empreinte maternelle est le référent fondamental à partir duquel la petite fille va se construire en rêvant à la femme qu'elle deviendra. Ce n'est pas l'absence de la mère en elle-même qui cause problème mais bien la carence affective que celle-ci a creusée et que la mère d'Anaïs n'est pas parvenue à combler. Dans le regard de sa fille, elle n'a pas rempli son rôle maternel car elle a été défaillante dans la transmission de l'estime de soi, essentielle pour que sa fille s'éveille à la féminité avec un minimum de confiance dans la vie, dans les autres et avant tout en elle-même. L'image que la fille a de sa mère prime souvent sur la réalité car l'imaginaire est bien plus fort dans la structuration de cette relation mère-fille que la présence ou l'absence de la mère. C'est l'image de la mère idéale que chaque fille se crée et qu'elle va « traîner » toute sa vie durant, que celle-ci soit conforme ou non à la réalité vécue.

Cette réflexion nous amène de manière directe à la question de la place du père dans la relation mère-fille.

La place de l'Autre dans la relation mère-fille

Le père a le rôle nécessaire de tiers séparateur dans la relation mère-enfant et spécifiquement dans la relation mère-fille. C'est une place fondamentale qui permet d'équilibrer cette relation, qui peut dévier vers une présence trop forte ou une absence trop lourde de la mère. Il est le tiers qui s'oppose et délivre la fille de l'emprise maternelle, celui qui complète ce duo exclusivement féminin. Quand le père est exclu, une confusion des identités féminines est possible, qui ne permettra pas à la fille de se différencier du modèle maternel pour affirmer sa personnalité. Dans la relation mère-fille, il est question de femmes avant tout et être semblables dans la féminité c'est surtout devenir différentes pour exister sans être gênées par la présence d'un être du même sexe, qui vous lie dans une alliance parfois trop étroite pour deux ! Le père est le pilier de cette harmonie et, s'il n'est pas présent, un autre tiers, femme ou homme (ami, grand-mère, tante, oncle) pourra prendre cette place, ce qui permettra à la mère et à sa fille de se trouver dans leur espace respectif et respecté.

Ma mère, ma meilleure amie

Nous voyons de plus en plus exposée dans les médias la relation idyllique mère-fille, où tout va pour le mieux dans le meilleur des mondes entre elles deux, qui sont complémentaires, fusionnelles, jumelles ! En effet, certaines mères effrayées à l'idée de vieillir se font maintenant le double de leur fille adolescente, le clone vestimentaire parfait, si bien que l'on en vient à se demander parfois qui est la mère de la fille et qui est la plus adulte des deux à ce petit jeu-là, qui est tout sauf anodin. Bien sûr, toutes les filles rêvent d'une belle complicité avec leur mère, d'un duo formidable où chacune comprend l'autre et se reconnaît dans l'Autre. Mais les limites d'une telle relation se font vite sentir quand la jeune fille part de son côté, se livrant à ses préoccupations d'adolescente, et laisse sa mère à ses occupations maternelles. Certaines mères vous diront que si leur fille se développe normalement, elles n'ont aucune raison de changer de comportement, puisque cela leur convient à toutes les deux. On comprend mieux comment la nouvelle situation de ces femmes-mères dans la société peut, par ses enjeux symboliques, créer une polémique passionnante quant au discours et à l'interprétation qui en rend compte, car elles tendent plus vers la femme que vers la mère et renvoient ce modèle à leur fille.

Une seule certitude en ces temps de confusion des rôles : parler de la réalité biologique est essentiel pour rétablir la place de chacune. Cette discussion n'est pas garantie, peut-être, pour celles qui ne voudront pas l'admettre. Cela dit, il est bon de faire savoir que nous ne sommes pas dupes, que la mère n'est pas la fille et la fille pas la mère. Ces mères qui se veulent à tout prix plus jeunes que leurs propres filles et sautent une génération pour ne pas avoir à côtoyer des femmes de leur âge, préférant les gamines espiègles, se rassurent un temps en s'accrochant à ce cordon que la fille finira bien un jour par couper net ! Cette cure de jouvence maternelle rend la fille tributaire de sa mère et dépendante de cette relation faussée. En effet nous ne sommes plus dans des rapports établis sur une lignée verticale de mères en filles mais dans un désordre horizontal où les fonctions se mélangent et se superposent, présageant déjà les dégâts collatéraux qui vont en résulter.

Le « *Ma mère est ma meilleure copine, on se dit tout, on n'a aucun secret l'une pour l'autre* » n'est jamais réel puisque la mère garde forcément ses propres secrets enfouis, ceux qu'elle ne peut ou ne veut pas partager. En échange, elle contrôle sa fille en sachant tout d'elle, et la garde ainsi sous son joug, s'attribuant la première place dans son cœur. La mère accepte de jouer les naïves et d'apprendre de sa fille, se mettant ainsi à son niveau dans une transmission inversée.

Précisons bien ici que nous ne sommes pas dans la simple complicité mère-fille essentielle à tout équilibre relationnel, mais bien dans le dérapage de la fonction maternelle qui s'épanche dans le jeu narcissique mis en place par la mère. Cette orientation féminine qui va jusqu'à nier le rôle maternel peut, par la suite, dériver jusqu'à la rivalité féminine puisque l'on est plus que jamais dans le copinage.

La rivalité féminine

Quand la symbiose mère-fille dévie au point de n'être plus qu'un côte-à-côte féminin, l'issue conflictuelle s'avère difficile à éviter, et peut même s'avérer salutaire pour la mère et sa fille, replaçant ainsi l'ordre des choses.

Car cette similitude sexuée présage d'une nouvelle source de conflits quand la fille se rend compte qu'elle n'est pas une reproduction à l'identique de sa mère et a bien des atouts à mettre en avant. Inconsciemment ou non, la fille est une rivale pour la mère. Et quand la jalousie dévore la mère, c'est-à-dire précisément quand l'homme est au centre des querelles féminines, la fille n'est plus la petite « poupée miniature » de sa maman, mais bien son égale sexuelle. La possession maternelle s'active alors dans le refus d'une autre que soi sur ce plan-là : la mère refuse l'image que lui renvoie sa propre fille, celle qui la repousse dans sa génération. Dans le scénario de la jalousie féminine, le trio infernal « fille, mère, belle-mère » n'est pas en reste non plus. Car une fois en couple, la fille doit encore se débattre dans les affres de la féminité en exercice et sur le terrain maternel conquis !

Aimer sa fille, à quel prix !

De la mère possessive à la mère dépressive

Aimer sa fille va de soi pour la plupart des mères car c'est instinctif, primitif et cela ne nécessite pas de réflexion. Pourtant, dans le cas de certaines mères, il en va autrement : l'amour est différent dans l'expression qu'elles lui donnent. Ce n'est pas une question d'intensité, plutôt une question de soumission et de liberté qui est en jeu entre la mère et sa fille.

La mère possessive ne va jamais laisser à sa fille la possibilité de vivre en dehors de ce lien qui la conditionne comme mère de cette fille, sans avoir d'autre recours que de lui appartenir. La fille est sous l'emprise de sa mère sans même s'en rendre compte, puisqu'elle ne connaît que cette domination. Le problème existentiel féminin va apparaître quand la fille prendra conscience de cette filiation abusive et qu'elle voudra s'en détacher pour être femme en dehors de la mère. Et chez cette mère-là, la séparation n'est pas envisageable ;

elle n'est pas inscrite dans le lien maternel. La mère possessive est de ces mères qui empêchent leur fille d'exister par elle-même. Elle fait de sa fille sa complice et va l'emmêler dans des enjeux affectifs contradictoires, qui ne laisseront aucune porte ouverte à cette fille, liée de toutes parts à sa mère.

> **Jamais sans ma fille**
>
> Surya a 21 ans et veut quitter ses parents pour aller s'installer avec une copine dans son petit appartement à elle. Elle a hâte d'y être mais vit une période très difficile, car sa mère ne comprend pas la raison de ce départ : « Toutes tes copines restent chez leurs parents jusqu'à 30 ans et toi tu vas déjà me quitter. Tu ne penses qu'à toi, tu es devenue égoïste. J'ai encore besoin de toi pour prendre soin de moi. Avec qui je vais discuter ? Pas avec ton frère ! Tu pourrais au moins penser à ta mère qui t'a tout donné. »
>
> Surya ne relève même plus ce monologue qu'elle entend depuis des mois et qu'elle entendait déjà simplement quand elle partait en week-end avec des amis. Sa mère est même allée jusqu'à prévenir la gendarmerie un jour pour fugue de mineur, alors qu'elle était en vacances quelques jours chez un cousin ! Chaque séparation est un vrai calvaire pour Surya, qui culpabilise mais a appris à « faire avec » maintenant. Car le pire, c'est que même si elle reste, ça ne change rien !

Comme tant d'autres mères possessives, la mère de Surya est dans un processus d'emprise sur sa fille, qu'elle tente de maîtriser selon son désir maternel. Ce qui perturbe la mère ici, c'est sans aucun doute que sa fille puisse être heureuse sans elle ! La menace et la culpabilisation sont des outils indispensables à la mère frustrée qui ne supporte pas de voir sa fille prendre en main son destin et vivre pleinement en dehors de l'empreinte maternelle.

À ce moment précis de sa vie, la fille est alors confrontée au changement d'objet : c'est-à-dire au passage toujours délicat – pour la mère comme pour la fille – du premier objet d'amour absolu qu'est la mère à un autre objet que la fille va devoir investir pour se détacher de cette mère envahissante. Cet objet peut être un métier, un conjoint, une passion ou encore un enfant. Son désir va alors se détourner du lieu maternel. Dans sa relation avec sa mère, la fille doit soit céder à l'emprise maternelle, soit s'en libérer pour s'exprimer en tant que femme et s'autoriser à devenir mère un jour. L'enjeu de cette séparation est important car il conditionne son destin féminin comme maternel.

Le choix du conjoint n'est pas anodin dans la relation mère-fille

Le choix conjugal que va faire une fille est souvent lié, inconsciemment, à la relation maternelle et paternelle. Une fille pourra choisir un conjoint protecteur ou effacé qui ne prend pas la place de la mère si leur relation fusionnelle continue dans la vie adulte de la fille. Pour la mère, l'investissement de sa relation avec sa fille reste dans l'influence maternelle, qui peut tourner à la manipulation pour garder sa place toute-puissante dans la vie conjugale de sa fille. La mère ne peut supporter de perdre au profit d'un autre qui la remplacera car elle sait qu'elle ne retrouvera jamais ce lien. Pour la fille, se séparer de sa mère, c'est accepter de devenir une femme, donc d'accéder à la jouissance féminine et devenir mère à son tour, ce qui lui permettra de boucler la boucle et de rejoindre ainsi sa mère dans la maternité.

La mère dépressive, elle, laisse des traces indélébiles sur le destin féminin de sa fille. Quand la mère n'est pas capable d'avoir une relation structurante avec sa fille et la livre à elle-même dans une distance parfois terrifiante pour une petite fille, c'est le père ou un tiers qui pourra venir combler cette brèche du mieux qu'il le peut, pour donner un semblant d'équilibre à cette relation. Une mère dépressive est dans l'absence bien plus réellement que si elle n'était pas là physiquement et la relation à sa fille va en subir les conséquences. La difficulté d'être mère et le mal-être sont traumatisants pour la petite fille qui aspire au bonheur de sa mère, son modèle. Ce qui reste dans le non-dit fait bien plus de ravages dans une famille que ce qui est clamé haut et fort. L'ambivalence de cette relation maternelle remet en cause la structuration identitaire de la petite fille, qui n'aura pas de repères équilibrés en référence. Les dégâts peuvent être importants quand le lien mère-fille vacille et que la mère se repose entièrement sur cette fille qui devra prendre le dessus très vite dans cette relation, pour ne pas sombrer elle aussi. La mère, dans cette position-là, n'est pas l'objet perdu pour la fille. Elle ne la perd pas car, dès sa naissance, cet objet est absent. Ce qui est destructeur dans ce type de relation mère-fille, c'est que l'Autre maternel n'est pas là, tout simplement.

Les rendez-vous d'une fille avec sa mère

Chacune à leur manière et de façon universelle, les femmes ont comblé la brèche inscrite génétiquement dans leur destin de femmes, pour se réaliser et apporter au monde ce qu'il attendait d'elles. D'où l'existence de ce halo de mystère qui entoure ces femmes depuis toujours, celles qui osent dire aux autres la touche de leur désir tellement féminin. C'est là que se situe tout le secret de la relation mère-fille qui se transmet entre femmes. Car il s'agit bien là de relever le paradoxe ancestral qui articule la femme avec la mère pour résoudre l'énigme de la femme qui n'existerait que comme mère alors que les femmes savent bien qu'elles sont bien plus que cela, et que si la relation mère-fille est unique c'est pour une raison toute féminine !

Pourquoi faut-il encore et toujours tergiverser sur la place de la femme, celle qu'elle prend et celle qu'elle devrait avoir ou encore celle où elle devrait rester ? Quoi que l'on puisse penser, il y a toujours plusieurs siècles d'écart entre les deux positions sexuées et toujours un pas d'avance des femmes vers une plus grande plénitude de la jouissance féminine.

Concernant le plaisir typiquement féminin, la conversation reste l'un des délices principaux de la féminité ; le papotage fait partie intégrante de la vie de toutes les femmes. Une maman se confie instinctivement beaucoup plus facilement et spontanément à sa fille qu'à son fils, ce qui donne tout de suite à la fille une assise familiale. Elle entre ainsi dans le secret et va s'accrocher à ce privilège. Les petites filles sont souvent d'ailleurs plus précoces que les petits garçons sur le plan du développement linguistique ; leur compétence en la matière reste souvent inégalée !

Ces échanges mère-fille font partie des instants précieux qui renforcent leur relation, car ils rapprochent les êtres et deviennent un petit rituel attendu entre une mère et sa fille, qui se prolongera tout au long de la vie et les aidera à affronter ensemble les moments difficiles, comme à se régaler des moments heureux, en sachant que l'on est toujours là l'une pour l'autre. S'inventer un monde merveilleux, se raconter des histoires, rêver du prince charmant sur son beau cheval blanc fait toujours recette chez les petites filles, comme chez les plus grandes. Même si elle a du mal à se l'avouer ensuite, toute femme recherche ce beau chevalier qui n'aimera qu'elle, éperdument... Et ce sont bien les mamans qui, parfois inconsciemment, transmettent cet espoir magique à leurs filles pour les porter vers un avenir meilleur. Les filles adorent « jouer à faire semblant », « jouer à la maman », puis passer des heures à parler entre copines au téléphone, sur MSN. Elles tchattent, se voient en restant chez elles, se racontent leurs petits et grands secrets de filles en mères, depuis toujours... Et ce n'est pas près de s'arrêter !

Les grands rendez-vous entre une mère et sa fille

- La naissance : la rencontre.
- Le premier mot, c'est pour « maman ».
- La première rentrée à l'école.
- Je joue à la maman : je chipe le rouge à lèvres et les chaussures à talons trop grandes !
- Le premier amoureux et le chagrin d'amour.
- Les sorties entre filles : shopping et vacances complices.
- Le départ de la maison : pour mieux se retrouver ensuite...
- La vie de couple et le mariage : maman a toujours un bon truc !
- Le bébé et la vie de famille : on comprend mieux tant de choses sur notre mère...

Tout ce qui se passe dans la vie d'une fille est lié, de près ou de loin, consciemment ou non, à sa mère. Elle sera toujours dans l'ombre ou juste sous les yeux de sa fille pour la guider. Que notre mère ait été celle que l'on attendait, celle que l'on souhaitait, ou au contraire celle qui nous a fait souffrir de ne pas avoir été notre mère au moment où elle le devait, elle reste la mère ; la seule vers qui on va finir par se tourner un jour ou l'autre, parce c'est une histoire de filles que l'on se confie depuis des générations et qu'il ne peut en être autrement.

Le mimétisme entre une fille et sa mère permet souvent de se retrouver à certains moments de l'existence comme une évidence. Il s'est établi sans qu'on y prenne garde, sans qu'on le veuille vraiment mais il est là, en nous, et on fait avec. Et l'on esquisse un petit sourire en coin quand on se rend compte que, malgré tous nos efforts, toutes ces discussions ou ces disputes de filles, finalement c'est bien elle, notre mère…

Ma maman à moi

Il y a six mois, Noémie est devenue maman d'une petite fille, Lola. Elle me parle du fait de devenir mère, de ce que cela a changé pour elle : « Quand on m'a mis Lola dans les bras, c'est bête mais j'ai pensé à ma mère, à ce qu'elle avait dû ressentir quand on m'a mise dans les siens. Je me suis demandé si elle m'avait aimée. Elle m'a abandonnée ensuite et je viens seulement de la retrouver. Pendant ma grossesse, j'ai ressenti le besoin viscéral de la connaître. Je me posais tellement de questions auxquelles je voulais des réponses… Je devais savoir si elle m'avait au moins aimée un peu et pourquoi elle avait fait ça. Je l'ai retrouvée et elle m'a tout raconté. Ses parents l'avaient forcée à m'abandonner quand elle m'a eue, à 15 ans ! Elle m'a cherchée toute sa vie ; c'est terrible. Je lui en voulais tellement et je lui ai enfin pardonné. De pouvoir le faire m'a permis d'être bien ; je suis en paix avec moi-même. Je devais rencontrer ma mère pour devenir mère à mon tour. »

D'autant plus que je n'ai pas eu la chance d'avoir une maman qui m'a élevée. Je suis passée de familles d'accueil en pensionnats, j'étais une rebelle.
Je n'aurais jamais cru avoir un enfant un jour et sentir tout cet amour pour
lui, pas plus que je n'imaginais celui venant d'une mère, de « ma » mère. J'ai
l'impression qu'elle a toujours été là quelque part, finalement, et qu'elle
m'a protégée en attendant de me retrouver. Je profite de chaque instant
avec elle, c'est fou tout ce que l'on a en commun... »

Une mère est rarement la mère idéale pour sa fille, comme la fille
n'est jamais parfaite, celle qui a été rêvée, imaginée et façonnée, car
elle va se révéler elle-même avec sa propre personnalité, ce qui est
souhaitable pour l'une comme pour l'autre. Tout simplement parce
que le premier modèle féminin pour une fille, c'est sa mère et que
la relation entre elles va évoluer au fil des ans, de la maturité de chacune, des aspirations de la mère pour sa fille et des rêves de la petite
fille qui grandit sous les yeux de sa mère. Qu'elle ait une mère
« plus mère que femme » ou une mère « plus femme que mère », la
fille sait toujours s'y retrouver et s'adapter, trait typiquement féminin. Elle saura en tirer profit pour se construire en regard de cette
mère, qui fait comme elle peut.

Les mères actuelles font moins d'enfants que leurs propres mères ou
leurs grand-mères. La conception de la famille a changé et la mère
idéale en 1820 n'a rien à voir avec celle de 1930 et encore moins
avec celle de 2010 ! Dans ce bouleversement démographique,
l'essentiel réside surtout dans le fait que les mères ont dorénavant
un ou deux enfants, rarement plus. Dans cette configuration, la
mère va mettre tous ses espoirs dans cette fille qu'elle élève comme
son propre double : elle devra réussir là où sa mère a échoué. Cette

projection impulse énormément de pression sur les relations mères-filles qui tendent vers une volonté de perfection, renforcée par les médias qui exposent une image de la femme absolue, dans une féminité parfaite, qui n'est pourtant qu'irréelle. Ces images renvoyées aux jeunes filles sont perfides en ce qu'elles leur transmettent de mensonges sur la femme, ce qu'elle doit devenir, ce qu'elle doit être et la place qu'elle doit occuper.

L'apparente facilité que l'on pourrait ici attendre du langage de la féminité, ainsi étalée sous nos yeux rêveurs, se révèle en fait d'une grande complexité. Car la mère n'est plus la référence, dès la petite enfance, pour toutes ces petites filles assoiffées de féminité. En effet, leur mère doit soit se couler dans le moule et ressembler à une jeune fille, soit se laisser dépasser. La relation mère-fille change alors de registre. Elle se voit biaisée par ce tiers usurpateur d'identité qu'est devenu le monde virtuel. Les mères sont elles-mêmes prises au piège et n'ont pas toujours les ressources nécessaires pour donner cette confiance en soi, indispensable à la jeune fille en quête de féminité. Cette étape fait pourtant partie des rendez-vous importants de la relation mère-fille, quand la jeune fille à peine adolescente se cherche encore et se tourne vers sa mère avant de s'en détourner. C'est là que la mère doit remplir sa fonction maternelle : elle doit savoir rassurer sa fille sur sa prestance, sa beauté, son être, et la guider pour qu'elle se trouve et s'y retrouve, sur ce chemin semé d'embûches que la mode et les magazines sèment de toutes parts. La publicité, la mode et les médias sont à leur place s'ils font rêver d'un côté et que de l'autre les mères protègent leurs filles dans la réalité, c'est-à-dire à travers le dialogue, la prise de conscience et la vision du monde tel qu'il est pour les femmes et non tel qu'on veut nous le représenter.

La puissance maternelle

Devenir mère : la crainte de ne plus être la fille

Dire le manque consiste déjà, d'une façon ou d'une autre, à le combler, car face à l'inconditionné de la demande d'amour qui est au centre de la relation mère-fille, la fille se trouve toujours dans le désir d'être l'élue : le désir est situé comme condition absolue dès la naissance. En introduisant la demande par rapport au besoin, la fille attend de sa mère un retour inégalé et qui donc, par définition, n'est jamais à la hauteur de cette demande d'amour. Lacan a d'ailleurs souligné qu'il n'y a qu'une seule façon de désirer, quel que soit le sexe : celle qui émerge dans la relation à la mère.

Tout au long de sa vie, la fille va vivre dans l'angoisse, consciente ou non, du jour où elle va perdre cette place si précieuse dans sa relation à sa mère. Pour le dire autrement, elle s'installe naturellement dans la situation où elle est certaine de perdre quelque chose, qui réside dans l'inévitable séparation d'avec la mère et qui va se répéter tout au long de sa vie. Le moment où la fille s'apprête à devenir mère est un des instants forts de cette relation spécifiquement féminine, car elle va devoir prendre la place de sa mère et n'être plus uniquement la fille, pour devenir mère à son tour.

La mère vit dans un univers symbolique, plein d'un langage que la petite fille apprend à décoder très tôt pour entrer dans ce monde merveilleux où elle existe dans les mots de sa mère, où elle respire dans les sonorités, dans les intonations de cette voix maternelle qui la porte, l'éveille et la protège. Le langage du corps qui permet de mettre l'accent sur le soin maternel, de l'exprimer verbalement, c'est la manière de le partager. La mère parle à son bébé, elle babille et gazouille à outrance pour échanger, le rencontrer, l'aimer.

Relevons qu'à ce niveau premier de la relation mère-enfant, celui de la découverte de l'une et de l'Autre, la relation est paradoxalement, d'emblée, triangulaire, et cela dans le sens où elle se noue entre la mère comme Autre tout-puissant, l'enfant en tant qu'objet réel livré à la jouissance maternelle, et à l'opposé de cette position réelle qu'occupe le bébé se trouve l'enfant imaginaire, dans lequel s'investit le narcissisme maternel, c'est-à-dire ce qui est censé voiler le manque ressenti par la mère. Car toute relation comporte un manque, aussi fusionnelle puisse-t-elle être, un espace entre ce qui est désiré et attendu, ici la petite fille, et la réalité vécue, abrupte et sans concession dans la relation de la mère à son enfant. Pour devenir mère à son tour, la fille va devoir se confronter à l'histoire maternelle, passer de l'autre côté du miroir et découvrir l'envers du décor, ce dont elle n'a pas envie, même si le désir maternel est présent. Ce qui ne sera pas forcément agréable ni reluisant pour elle, même si cela la rapprochera un peu plus de sa mère dans la connaissance et la

© Groupe Eyrolles

révélation de la séduction primaire, qui s'opère entre la mère et son enfant. De la naissance à l'allaitement, en passant de la souffrance de l'enfantement au bonheur d'être mère, la fille rejoint ainsi sa propre mère dans le lien maternel unique qui se perpétue.

Le bonheur d'être mère chez Balzac

Relevons comment, avant tous, Balzac a excellé dans la description de ce poids de la séduction scellé dans l'acte maternel primaire que représente l'allaitement.

Dans l'un de ses romans, il met en scène deux jeunes mariées, Louise de Chaulieu et Renée de l'Estorade. Cette dernière se réalisera à travers la maternité qui la comblera. L'avènement de sa maternité va prendre la place que jamais le mari et l'amour charnel n'ont occupée. Elle décrit l'allaitement de son fils « comme un plaisir qui va jusqu'à la douleur ou une douleur qui finit par un plaisir ». Pour elle, les caresses de l'enfant sur son sein sont d'autant plus jouissives qu'elles « rayonnent » en elle, « jusqu'aux sources de la vie[1] ».

Devenir mère, c'est s'approprier les doutes, les failles et les douleurs de la sienne ; c'est s'accorder un nouveau regard sur le monde, celui des mères. C'est s'approcher de ces récits qui reproduisent les mêmes effets sur la mère et vous éloignent de la naïve petite fille qui, dans ses rêveries, était si loin de la réalité. C'est pour toutes ces raisons qu'une fille qui devient mère se rapproche instinctivement de la sienne, soit dans les actes, soit par les mots, soit dans les pensées… Elle est ainsi reliée au destin féminin par essence et rejoint sa mère pour accéder à l'accomplissement de sa féminité : la maternité.

1. Balzac H. de, *Mémoires de deux jeunes mariées* (1842), Paris, Garnier-Flammarion, 1979, p. 201.

J'ai peur de devenir mère

Dylan est enceinte de huit mois et est terrorisée à l'idée d'accoucher. Elle rêve d'avoir une césarienne pour ne pas vivre ce moment qu'elle redoute par-dessus tout : « Si je pouvais m'en passer et découvrir mon bébé tout propre et habillé, ce serait l'idéal ! J'appelle ma mère vingt fois par jour ; d'ailleurs elle vient habiter à la maison la semaine prochaine, jusqu'à la naissance de Clara ; on ne sait jamais ce qui peut arriver. Mon mari n'était pas trop d'accord mais il n'a pas eu le choix. Quand il a réalisé à quel point je paniquais, il a fini par accepter, même s'il ne comprend pas du tout ma réaction. Je lui ai dit que je voudrais bien le voir, lui, en train d'accoucher ! Et puis après je ne sais pas comment faire avec un bébé, comment le prendre, qu'est-ce que je dois faire avec lui ? C'est pour cette raison qu'il me faut ma mère auprès de moi. Elle sait tout, elle est parfaite pour ça, elle ne doute jamais. J'aimerais tellement lui ressembler mais j'ai peur de tout. J'ai toujours été comme ça, alors vous imaginez avec un bébé... Je crois que devenir mère m'effraye tellement... Vous vous rendez compte de la responsabilité que cela représente ? Déjà que je ne me supporte pas moi-même ! Pourtant, ce bébé, on l'a désiré. Je voulais absolument une petite fille, comme ça au moins je m'y connais un peu... Parce qu'avec un garçon ! »

Pour Dylan, devenir mère est un vrai parcours du combattant, un rite initiatique qui va la faire entrer dans la « cour des mères » et il y a de quoi faire pour sa mère, qu'elle a mise sur un piédestal. La mère de Dylan est une référence absolue, elle est *la* mère dans toute sa splendeur, elle est parfaite, comme sa fille le dit et, bien évidemment, Dylan ne peut s'autoriser à se mettre à sa place, à pousser sa mère à la place de grand-mère. Quel sacrilège ! Il lui faut donc passer par ce chemin-là du doute d'elle-même en tant que mère et attendre l'autorisation suprême qui lui sera donnée par sa mère le

© Groupe Eyrolles

94

moment venu, une fois que celle-ci l'aura initiée au rôle de sa vie. Dylan sait très bien que c'est sa fille Clara qui va prendre la place de petite fille dans laquelle elle se complaît depuis de longues années, et même si ce bébé est désiré par ses parents, la situation s'avère difficile : cela demande beaucoup de courage de prendre la place de la reine mère.

Devenir mère est un véritable chemin intérieur à parcourir pour arriver à s'accepter en tant que telle et, lorsque sa propre mère est devenue une icône pour la fille qui se prépare à y accéder, cela peut s'exprimer par une angoisse réelle ressentie devant un bébé dont on ne se sent pas encore la mère. Dylan a trouvé la solution en intégrant carrément sa mère dans le duo maternel pour que la transmission soit effective, dans les gestes et les conseils qu'elle lui prodiguera. Ainsi, elle pourra devenir mère progressivement sous l'égide de la sienne et surtout dans la continuité féminine qui, pour elle, est la valeur essentielle. Dylan a peur de prendre la place de sa mère, c'est donc à la mère de laisser sa place pour que sa fille s'accomplisse à son tour en tant que mère de Clara, sa propre fille.

Prendre des distances avec sa mère : une question de survie ?

Les mères et leurs filles vivent sur le même plan, celui de la féminité. Elles subissent donc les mêmes effets, vivent les mêmes tourments ; être semblables devrait *a priori* les rapprocher, mais cela n'est pas si simple. Ainsi se trouvent-elles pourvues d'une légitimité assise sur « l'évidence » du partage de l'espace commun, qui reste une bataille pour les femmes qu'elles soient filles ou mères. C'est ce partage qui pivote autour de l'axe sexuel, d'emblée structurant, qu'est le face-à-face entre le même et l'Autre, c'est-à-dire entre la femme et la femme que sont la fille et la mère. Leur différence réside pourtant dans ce contresens sexuel, qu'elles incarnent dans cette jouissance supplémentaire qu'offre le féminin, qui paraît être partout et nulle part, infinie, inconsistante, hors jeu et qui interroge tous ceux qui se situent sur les bords tourmentés de l'interprétation féminine. C'est en cela qu'il y a toujours chez la femme quelque chose qui échappe au discours et que l'on ne parvient pas à saisir, surtout entre les mères et leurs filles. Nous aimerions tant qu'il n'y ait rien à y comprendre, juste à y croire, pour donner le goût délicieux d'une complétude impensable, d'une place idéale de la mère et de la fille qui s'équilibrent intuitivement.

Mais être femme à notre époque ne signifie pas qu'il s'agisse de tout assumer et de faire des sacrifices à tout va comme on veut bien nous le faire croire et surtout nous le faire entendre dans ces définitions de la féminité qui n'ont jamais été remises au goût du jour. Dans le contexte idéologique classique, l'élévation de la femme vers les plus hauts sommets du monde, tant naturels que symboliques, ne peut s'ériger que sur un traumatisme, une contrainte, voire une cassure, mais jamais dans l'harmonie de son être. Car la femme n'est pas faite pour se dépasser, n'est-ce pas ? Elle est faite pour être mère, de mères en filles...

Alors quand une fille se surprend à ne pas se sentir uniquement la fille de sa mère, à ne pas être ce modèle de petite fille qui rentrerait bien dans le moule ajusté à sa destinée mais à vouloir plus, c'est là que survient le malaise, qu'apparaît le manque qui ne se comblera que sur un autre plan, loin de la mère et de ses aspirations maternelles. Ne pas être la copie conforme, la poupée à modeler, mais exister par soi-même en dehors du modèle familial est encore mal vécu par notre société, qui se repose avant tout sur les mères pour éduquer la nation. Alors une mère qui ne sait pas garder sa fille sous contrôle est dans une impasse aux yeux des autres. Quant à la fille, elle est jugée pour outrage suprême !

Dans tous les cas, ce qui fera la différence, bien loin de l'inégalité sexuelle entre les garçons et les filles toujours aussi résistante, c'est le trou, l'absence, le non-dit de ce « raté » dans la relation mère-fille. Certains s'offusquent, souvent de façon insidieuse et moralisatrice, de ce que des filles insoumises à la destinée féminine montrent aux yeux de tous ce qu'elles devraient bien mieux laisser caché, voilé. Car s'éloigner de sa mère, c'est prendre le parti d'être une Autre que la fille de sa mère. Être la fille de sa mère, c'est respecter un pouvoir souverain et incontesté et ne pas y échapper, quoi qu'il en coûte à la fille d'une mère défaillante, absente, destructrice ou psychotique.

Nul doute en effet qu'il soit difficile d'être une fille et donc une femme, même en l'an 2010, même en France. Mais ces femmes-là ont choisi de ne pas se plaindre toute leur vie d'être nées femmes et de mettre toutes les chances de leur côté, quitte à renoncer à la mère s'il le faut.

Certaines filles se reconnaissent comme telles dans les yeux de leur père plutôt que dans le lien avec leur mère. Elles se construisent dans le modèle patriarcal plutôt que dans la lignée maternelle et leur survie féminine s'opère du côté du père. Dans ce cas, il est alors primordial pour la fille de s'en rendre compte assez tôt, de façon à ne pas traîner cette culpabilité féminine comme un fardeau, le poids d'être née femme étant déjà peu évident à assumer.

Le mythe de la naissance d'Athéna chez les psychanalystes

Freud évoque le mythe d'Athéna comme la représentation typique de la descendance paternelle et du patriarcat que d'être cette fille sans mère sortie de la tête de son père Zeus. Mais si nous allons au bout du mythe, on dévoile alors que si Zeus a pu ainsi donner « naissance » à Athéna, c'est parce qu'il a préalablement avalé Métis, la mère de celle-ci, alors enceinte, et ce afin de se prémunir contre le risque que sa descendance ne lui fasse subir le sort qu'il avait lui-même infligé à son propre père Chronos.

Le mythe nous dit bien qu'éliminer la mère pour opérer une maternité à sa place trouve ici une explication éloignée de celle d'un père symbolique – même si c'est la tête qui est devenue la matrice – mais relève plutôt du *vel* de l'aliénation, celui de « la première opération essentielle où se fonde le sujet »[1], à savoir prendre ou recevoir, dévorer ou être nourri, avaler ou cracher...

À l'époque où l'on affiche les ventres ronds comme une victoire phallique, on peut se demander simplement si être mère, et encore plus si être la fille de sa mère, n'est pas devenu un combat pour toutes ses filles qui ne se reconnaissent plus dans l'avènement de la maternité mais plutôt dans l'accomplissement de leur être féminin avant tout. Ce qui n'implique plus forcément une identification

---

1. Lacan J., *Le Séminaire, Livre XI, Les quatre concepts fondamentaux de la psychanalyse*, Paris, Seuil, 1973, p. 191-193.

absolue à la mère mais plus naturellement une croisée des chemins qui peut s'éloigner de la mère parfois… Pour mieux s'en rapprocher ensuite.

Un héritage silencieux, bien lourd à porter

Dans un premier temps, il s'agit de mettre en place les choix et les orientations de la mère pour sa fille, ce qui sera transmis et donné inconditionnellement ; laquelle des deux sera la plus déterminée dans sa vie à afficher cette descendance féminine : la femme ou la mère ?

D'un certain point de vue, l'ensemble n'est pas uniquement symbolique puisqu'il y a des femmes dont le destin est de perpétuer la tradition des mères et des filles, qu'on le veuille ou non. Ou, dans une autre articulation de la pensée, se dessine la perspective que les femmes se faufileront dans cet interstice qui leur est attribué, et en nombre, dans les pas de celles qui s'y sont déjà risquées fièrement, pour toutes celles dans le monde, mères ou filles, que l'on ignore encore et qui naissent et vivent dans la souffrance d'être femmes.

Cette différence d'être nées femmes, elles y tiennent toutes, de mères en filles. Pas la différence sexuelle, non, que l'on ne s'effraye pas de ce malentendu du premier jour, historique, inébranlable. Mais cette différence qui règle bien des conflits fondamentaux de l'existence, sans armées, sans guerres, sans luttes, sans morts, et qui n'est conciliable qu'avec la certitude de ce qu'elles s'engageront à mettre en œuvre, sans jamais, ou presque, franchir les limites qui fondent le pouvoir masculin. Car du côté des femmes c'est autre chose qui est en jeu. C'est l'essence même de la vie.

Est-ce par là que passe le sacre des femmes, la difficulté réside-t-elle dans le fait de faire entendre, par le langage, le discours de la féminité ? Est-ce encore une question de droit à modifier ou d'inconscient à éclairer quand il est question des femmes ? Est-ce une question de savoir ou de désir ? Entre le désir de savoir – tout sur la féminité – et le savoir du désir – l'énigme de la féminité –, on peut figurer un rapport de force permanent entre les unes et les autres.

La particularité féminine est universelle : la femme est un homme comme les autres, sauf que c'est une femme, justement. Et c'est bien là le drame de la confrontation perpétuelle avec l'Autre sexe. La société nous renvoie une image de la femme actuelle qui crée un consensus surprenant, mais finalement très inscrit dans l'ordre du monde et des choses sexuelles. Mamans modèles, épouses parfaites, filles sublimes, modernes, accomplies jusque dans leur profession, pour quelques-unes, et toujours présentes pour leurs hommes comme il se doit. On est « femme de », « femme pour », « femme contre », « femme avec », et comble de tout, « femme sans »… homme. Quel que soit le cas de figure, on est toujours dans la comparaison, voire dans l'ombre de l'autre sexué selon un héritage typiquement féminin, duquel les femmes qui le revendiquent ont beaucoup de mal à se détacher, encore à ce jour. Car derrière la femme il y a toujours la mère.

Nous entamons là une réflexion d'un autre ordre où l'observation requise rend compte de la complexité du tableau du point de vue féminin, qui finalement est universellement simple dans les rapports sexués : une femme est une mère et un homme est un homme

– avant de devenir un père ! Être la bonne conscience de l'histoire du monde est une place immuable et ancestrale pour les mères.

Elles sont exceptionnelles, belles ou charmantes, dévouées à leur famille, à leur amour, femmes d'intérieur comme d'extérieur, mais toujours à la place convenue pour la mère comme pour la fille. Si elles osent sortir du stéréotype de l'éternel féminin, elles déclenchent de vives réactions de la part des autres. N'admire-t-on pas plus aujourd'hui la dignité de ces femmes qui pardonnent à leurs maris les humiliations publiques, qui après tout n'ont que l'âge du monde, plutôt qu'une femme qui n'accepterait pas de compromissions, faisant valoir son droit à une vie de femme différente de celle de sa mère, de sa grand-mère ? Ce sont les tourments de la société qui se manifestent dans cette interprétation de la féminité.

Pourquoi certaines s'échinent-elles à lutter contre cet acharnement du masculin à dominer ? Qu'y trouvent-elles à défendre de leur identité féminine ? Il convient de trouver une autre réponse que celle du féminisme. Croire en la femme, cela ne suffit pas, et nous éloigne davantage de l'aboutissement maternel. En effet, les exigences de la féminité ne s'accommodent jamais de ce que l'on veut bien lui accorder et ce n'est pas uniquement une question de position sexuelle. Sans doute est-ce faire de la femme une version en noir et blanc qui ne laisse aucune nuance dans le discours sur le féminin, car laisser la place aux nuances serait laisser la place au doute, à la question de savoir si, finalement, les femmes n'ont pas un autre choix que cet héritage ancestral qui pèse tant sur les jeunes filles de ce millénaire.

Les femmes n'ont de cesse de viser ce langage qui porte à conséquence et de se dévoiler dans une transparence qui vire, pour les hommes, à l'obscénité. Ils ne pensent, alors, qu'à remettre ce voile qui leur permet si aisément de jouer de l'opacité du langage, donc de l'Autre dans son être. C'est si peu de chose, me direz-vous, mais en même temps si peu acceptable, pour toutes ces femmes que l'on voulait oubliées à leur destin de femmes, et voilà que maintenant elles se font inoubliables. Pourtant c'est bien dans l'amour de leur mère que les filles s'y retrouveront et tireront la force d'être différentes, de le dire et même de le crier, car les mères portent leurs filles vers le meilleur et les soutiennent, même en silence.

Ma grand-mère, mon modèle

Marcelle est la grand-mère adorée de Pauline. Elles sont complices depuis toujours et, même si Marcelle a 87 ans, elle comprend parfaitement sa petite-fille de 18 ans avec qui elle partage énormément de « trucs de filles » : « Je me sens parfois plus proche de ma grand-mère que de ma mère, elle est si forte ! C'était une pionnière à son époque, elle a tout surmonté. Je voudrais tellement être à la hauteur. Je n'ai pas l'impression de faire grand-chose dans ma petite vie quotidienne, à côté d'elle. J'ai des montagnes à franchir mais elle me porte si haut que j'ai l'impression d'être invincible à ses côtés. »

Cet amour transmis de mère en fille, qui nous lie intimement à la vie, bien avant de naître, dans le ventre de nos mères qui nous parlent tendrement et nous nourrissent de leurs mots susurrés par leur propres mères avant elles, voilà ce qui nous habite dans le secret des mères et de leurs filles, indéfiniment. Les femmes perçoivent ce qui est en jeu. Entendons par là qu'elles savent bien ce qui se passe, ce qui se trame, de ce chaos sexuel. Elles s'y attachent même, par principe, puisque c'est là qu'est l'essence du sujet, dans la mise en scène. C'est dans le semblant que se réalise la vérité, dans une rencontre que les femmes s'évertuent à mettre en œuvre. Elles y croient, à l'accès à ce plus, riche de promesses, qui les porte. Cette rencontre aura forcément lieu, un jour ou l'autre, entre les femmes et les hommes, et c'est ce que les mères transmettent à leurs filles, parce que c'est de ce côté-là que vient le changement, indéniablement.

La culpabilité côté fille

Être la fille de sa mère, c'est marcher dans les traces, suivre le chemin, coller au modèle, qui ne laisse pas toujours beaucoup d'aisance dans la création et dans la personnalisation. Car être mère, c'est s'ériger en référence et ne rien montrer de ses doutes ou de ses failles… Peine perdue, car la fille va justement mettre en exergue ce manque maternel, mettre le doigt sur ce qui n'est pas conforme au dogme éducatif. Une mère accepte rarement d'être prise en défaut, de s'accorder un temps qui n'est pas celui de la mère, un temps pour soi et non pour ses enfants. On le dit mais on ne le fait pas ouvertement, on ne le montre pas.

Lorsqu'on est maman d'une petite fille, on apprend très vite que la complicité fille-mère se double d'un sentiment de rivalité qui sera plus ou moins présent et vif selon les âges. Alors quand la fille devance la mère ou qu'elle se positionne en adversaire plutôt qu'en alliée, il y a fort à parier que cela n'ira pas de soi entre mère et fille. Au moment de la phase œdipienne, qui révèle souvent la première crise identitaire entre la fille et sa mère, c'est une vraie découverte pour la petite fille qui tombe amoureuse de son père et souhaite inconsciemment éliminer sa maman pour prendre sa place et épouser son papa. La relation mère-fille est alors plus difficile, car sous le charme de son père, la petite fille ressent de l'agressivité envers sa mère, qu'elle apprend plus ou moins à canaliser. C'est un moment délicat de la confrontation féminine, nécessaire à la construction de la petite fille, car cette période pose les bases futures d'une relation ambiguë à la mesure de la destinée féminine.

Si une femme entre dans la culpabilité en devenant mère, essayant sans cesse de se dépasser pour son enfant sans jamais atteindre cette perfection recherchée, la fille, elle, va devoir faire ses preuves. Deux options s'offrent alors à elle dans le lien mère-fille : soit elle s'identifie complètement à sa mère dont la toute-puissance est sans cesse réaffirmée, de la petite enfance à l'adolescence, dans une symbolisation féminine de cet idéal narcissique, soit elle se démarque et prend le parti de s'émanciper de cette toute-puissance maternelle pour jouer de son côté ; elle se devra alors de « tuer » la mère pour gagner ses propres galons et entrer définitivement dans la culpabilité féminine qui est d'essence bien différente de la culpabilité maternelle.

En effet, à celles qui auraient tenté l'impensable déculpabilisation, qu'elles se rassurent, il y aura toujours un monsieur « je sais tout » qui viendra les remettre dans le droit chemin. Les médias ne se sont-ils pas fait l'écho récemment de soi-disant experts (en quoi ?) qui s'inquiétaient d'une perte de savoir-faire culinaire chez les jeunes femmes actives citadines. Un collège d'experts qui débat de l'incompétence des femmes à nourrir leurs enfants et leurs maris soumis à l'industrialisation de leurs repas. À qui le prochain scoop sur la responsabilité de la femme dans le réchauffement de la planète et bien évidemment sa fin !

Surtout pas comme ma mère !

À 42 ans, Tatiana vient d'accoucher d'une petite Mareva et rencontre des difficultés pour allaiter sa petite fille, ce qui perturbe beaucoup leur relation : « Je n'y arrive pas, d'ailleurs elle ne veut pas de mon lait, c'est visible, je ne suis pas faite pour ça. » Je lui demande alors pourquoi elle tient à allaiter si elle ne le désire pas.

« Ma mère a allaité mes deux frères mais a refusé de m'allaiter, disant qu'elle n'avait plus de lait. Je suis la dernière et j'ai toujours ressenti une pointe de jalousie envers mes frères d'avoir pu profiter de ces moments de tendresse avec ma mère. Alors j'avais envie d'essayer avec ma fille, je ne dois pas la priver de ces moments mais il est vrai que je n'en ai pas vraiment envie. Je le fais plus en réaction à ma mère, dans un esprit de revanche, pour lui monter que moi, je le fais et que je ne ferai surtout pas comme elle ! » J'explique alors à Tatiana que son bébé ressent son sentiment et qu'elle doit lui dire ce qu'elle éprouve, ce qu'elle désire intimement, que sa petite fille est déjà connectée avec elle et comprend. Finalement, Tatiana donnera le biberon à son bébé avec sérénité car mieux vaut un biberon donné avec amour que d'allaiter pour de mauvaises raisons.

Devoir partager l'amour de sa mère peut être terrible pour un tout-petit et laisser des traces psychiques comme physiques suivant la relation qui s'est établie dès la naissance entre la mère et cet enfant. Les sentiments que Tatiana a gardés en elle à l'encontre de sa mère ont ressurgi avec l'arrivée de sa fille. Elle fait un parallèle dans sa propre relation avec Mareva et éprouve envers son bébé un amour qui se place dans la culpabilité du fait qu'il se calque sur la relation difficile qu'elle a vécue avec sa mère. Si son hostilité envers sa mère est ressentie par sa fille dans l'acte d'allaitement, c'est parce que Tatiana y met toutes ses émotions, enfouies depuis longtemps, et se sent submergée par cette attente qu'a sa fille envers elle. La transition et l'affirmation dans la maternité sont d'autant plus difficiles que fille et mère sont du même sexe. On peut être jaloux de son frère ou de sa sœur ponctuellement, lui en vouloir sur l'instant car c'est dans l'ordre des choses que de vouloir sa mère juste pour soi, d'être celui qu'elle choisit. Ce qu'il convient alors de faire lorsque la culpabilité entre en scène, côté fille, c'est de remettre chacun à sa place.

La préférence maternelle, l'allaitement et la jalousie

Saint Augustin, docteur et Père de l'Église, dans ses *Confessions* (391-400) décrit admirablement la jalousie qu'éprouve un enfant envers son petit frère, que sa mère est en train d'allaiter. Ce propos fera dire à Lacan que saint Augustin est un des précurseurs de la psychanalyse. Dans un passage des *Écrits*, « L'agressivité en psychanalyse », Lacan relève cette identification à l'autre qui est une réaction intuitive à la frustration primordiale vécue : « J'ai vu de mes yeux et j'ai bien connu un tout-petit en proie à la jalousie. Il ne parlait pas encore, et déjà il contemplait, tout pâle et d'un regard empoisonné, son frère de lait[1]. »

---

1. Lacan J., « L'agressivité en psychanalyse », *Écrits*, Paris, Seuil, 1966, p. 114.

La jalousie déclenche l'agressivité, le « regard empoisonné », car elle soutient l'idée que l'Autre est dans la jouissance et pas moi. C'est la dimension orale qui est mise en valeur à travers l'allaitement et la définition de ce petit autre : « *conlactaneum suum* », c'est celui qui partage le même lait. Cette demande orale présente ce désir qui le prive de la mère qui allaite son enfant. L'enfant soutient cette scène qui le place dans la différence, en regard de l'Autre de la demande d'amour.

Mères et filles : rivales ou amies ?

Les clés du couple mère-fille

Les femmes sont intégrées dans un discours très intéressant dans ce qu'il nécessite de complicité et d'intelligence du partage, de leur part. Une nouvelle donne : elles sont partout, elles sont « à côté de », derrière et devant, quand il le faut. Car c'est là ce que l'on attend de ces femmes : mille et une facettes.

Pourquoi veut-on à tout prix faire avouer les femmes, pour qu'elles se posent en victimes, évoquant ainsi *ad vitam aeternam* le mythe féminin infranchissable, si ce n'est pour se confronter au réel inconciliable qui régit notre monde à ce jour ? Les femmes ne sont plus les mêmes : elles ont évolué et se sont émancipées de mères en filles.

En effet, comment identifier une telle réussite, un tel courage, sachant qu'elles sont peut-être parvenues à cumuler les avantages des deux sexes, sans désir de vengeance envers les hommes ? Le rapport des femmes à leur image est d'autant plus intéressant à présent que ce sont des femmes qui utilisent leur féminité comme une contradiction vis-à-vis d'elles-mêmes et envers les autres, d'une manière fascinante. Beaucoup de femmes ont eu des projets et, de plus en plus, réussissent, les mères encourageant leurs filles et inversement. Cette envie de réussite professionnelle et personnelle aura au moins une conséquence qui n'a pas évolué : celle d'aviver la jalousie des autres femmes, celles qui n'ont pas osé. Et c'est ce regard envieux qui les laissera pour compte, seules dans ce qui s'écrit autour du féminin.

Nous serions d'autant plus dans l'erreur d'attribuer le choix d'une carrière et d'une vie à la différence sexuelle, pour ces femmes. Car au-delà d'un voisinage entre les sexes, il s'agit de réaliser, pour elles, une dimension de l'essence même du destin féminin. Et voilà bien ce qui nous questionne car le destin d'une femme n'est pas lisse, tracé, mais bien haut en couleur, en teintes que l'on pourra mélanger, superposer ou bien réinventer, sans jamais se prendre pour la femme qui aurait tout de l'homme qu'elle ne sera jamais. Car la femme est multiple : elle est fille, femme, mère, épouse, amante, sœur ou amie. Ce sont ces nombreux visages que peut prendre une femme qui lui donnent du sens dans les mots, car elle existe en tant que femme, sous le regard avide et cruel qu'elle suscite de la part des autres…

Si le discours commun ne répartit les sexes qu'à partir d'un seul signifiant, le signifiant phallique, ce n'est pourtant pas à cet attribut que ces femmes s'attachent, car elles ont accès à un type de jouissance sans limites qui s'articule sur un plan inconnu des hommes. Et les effets ne se font jamais attendre quand les femmes empiètent sur l'Autre côté ! Celles qui sont restées en deçà de cette zone qui les sépare de l'Autre masculin sont reconnues et valorisées ; celles qui s'aventurent en chemin miné n'auront droit à aucun égard si ce n'est d'être remises à leur place, de fille ou de mère. Les enjeux n'ont pas changé depuis des décennies et sont toujours étroitement imbriqués à la ligne que nous connaissons quant à la position sexuée du sujet.

Qu'ont-elles mis à la place du manque, qui nous fait espérer qu'elles ont touché à un semblant d'être du côté de la féminité ? Elles complètent le chemin parcouru jusqu'aux hommes en les dépassant. Les filles comme leurs mères deviennent célèbres dans le clan des hommes, qu'elles ont détourné, pour mieux compléter l'équation sexuelle et faire sens dans le discours sur la femme. Du « pas du tout », la femme pourra donc accéder au « un peu plus » que les hommes, puisque ce qui s'opère dans le regard et dans le discours des autres ne se réduira, de toute façon, qu'à l'image de leur corps et que l'essentiel est dans l'origine de ce qu'elles sont allées chercher de l'Autre côté. De mère en filles s'est transmise une force, une énergie au fil des générations, qui a porté les femmes dans leur histoire commune et les soutient, leur permettant de donner le meilleur d'elles-mêmes, en tant que fille accomplie ou en tant que mère fière de sa fille, donc d'elle.

Ma mère, mon double

Chloé est avocate, elle a 35 ans, vit en couple et privilégie sa carrière professionnelle avant de fonder sa famille. « Ma mère a été ma meilleure conseillère, elle m'a poussée à trouver ma voie, à aller vers mon désir sans hésiter, elle s'est investie à 200 % avec moi ; je lui dois tellement. Elle est très fière de moi et je l'admire aussi car j'ai tellement de copines qui vivent des relations conflictuelles avec leur mère. Si je suis sûre de moi c'est grâce à elle : ma mère est mon double féminin. »

Quand une mère porte sa fille à bout de bras, cela constitue un véritable atout pour elle, car la mère est la référence, le modèle avec lequel on se construit ou contre lequel on se positionne, mais qui représente toujours ce désir féminin qui relie la mère à sa fille. Ce sont d'ailleurs les mères qui attendent de leurs filles qu'elles comblent leurs carences identitaires les plus traumatisantes. Tant que le lien entre la mère et sa fille n'est pas rompu mais au contraire protégé, la complicité perdure au-delà des divergences et des aspirations de chacune. Une composante spécifiquement féminine qui ressort de la relation mère-fille est que, plutôt que d'avoir une mère qui vous aura écartée de son chemin ou ignorée, il vaut mieux avoir grandi avec une mère qui vous a encouragée à devenir une femme qui se respecte, afin de pouvoir s'épanouir personnellement.

Le désamour maternel : une vérité parfois cruelle

Les mères aiment leurs filles, c'est une évidence la plupart du temps, même si cela s'avère plus compliqué pour une mère d'élever le petit « soi-même » qu'est la fille dans le mimétisme, plutôt qu'un Autre, bien différencié, qu'est le petit garçon pour lequel on peut s'autoriser tout l'amour dû à la complétude de l'autre sexe.

Pourtant, il est des mères pour qui tout est bouleversé à l'arrivée d'une fille, des mères qui ne sauront pas être la mère de cette petite fille-là en quête de tant d'amour, des mères défaillantes qui se réfugient dans le déni de cet Autre trop proche d'elles, trop semblable, qui les replonge dans leurs souffrances de filles sorties de mères elles-mêmes déjà culpabilisantes. On n'en sort pas indemne de mères en filles, on se triture l'esprit, le corps est perturbé et l'on commet le pire pour une fille : on ne l'aime pas, on ne le montre pas et on lui en veut plus que tout d'être née fille, comme nous ! Une fille ne se remet pas de ce désamour maternel ; elle devra se faire violence pour se détacher de cette mère qui l'enchaîne à son destin d'ignorée. De cette relation extrême, certaines s'en sortent et se construisent par le père, s'il a su être à la hauteur, ou par un autre, un tiers qui aura tendu cette main tant espérée, souri à cette fille tant dépréciée et qui aura su poser un regard chaleureux qui ouvre toutes les portes. Il aura redonné l'estime de soi à la fille, qui mérite cet amour que la mère lui aura refusé. Ce qui nous perturbe quand mère et fille ne se rencontrent pas, c'est tout ce qui va en découler dans l'avenir de l'une comme de l'autre, car malgré tout, elles sont liées et cette béance qui les réunit est contre toute attente bien plus forte que certains mots dits. Ce manque marque plus profondément, s'inscrit dans les gènes et se traîne longtemps, trop longtemps… De mères en filles.

Si le désamour maternel est parfois cruellement présent dans la réalité, il est aussi quelquefois seulement apparent dans le ressenti d'une fille à certaines périodes de sa construction féminine. En effet, quelle fille ne s'est pas sentie un jour mal aimée, voire détestée par sa mère, avant de découvrir qu'il n'en était rien et que ce n'était qu'une phase plus ou moins pénible à passer entre découverte de soi, adolescence et premiers émois ? Les filles sont dans l'affectif avec leur mère, dans le tout ou le rien, dans le rejet et l'abandon de soi.

D'ailleurs, beaucoup de troubles typiquement féminins sont liés à la relation première à la mère. Ces troubles sont difficiles à cerner et à expliquer. On peut cependant noter que la source de certaines difficultés corporelles et alimentaires réside dans le maternel par définition. Anorexie, boulimie, troubles identitaires sont des souffrances psychiques que le corps expose à l'Autre dans toute sa contradiction et son refus de soi-même. Ces carences affectives que la nourriture révèle comme une arme fatale contre laquelle on ne peut rivaliser mettent en jeu des vies de jeunes filles et de femmes si fragiles et traumatisées de s'être perdues en chemin dans cette féminité qui n'a de cesse de les dévoiler à elles-mêmes, de les raconter à l'Autre dans tout ce qu'elles vomissent, tout ce qui est tabou et que l'on devrait normalement cacher. Mais lorsque la bête sort, elle dévore tout, à l'intérieur comme à l'extérieur, et remue chaque coin de l'histoire familiale si soigneusement maîtrisée et codifiée. C'est un véritable cataclysme qui s'empare de l'être en souffrance, un drame absolu qui n'attend aucune réponse si ce n'est d'être là, sans faillir pour celle que l'on a mise au monde et qui appelle à l'aide, jusqu'à en finir. Tous les spécialistes le savent : la culpabilité maternelle n'aidera pas mais c'est pourtant avec elle que l'histoire a commencé et avec elle qu'elle va se poursuivre...

Entre mère et fille : l'histoire d'un sevrage

Dans la relation à la mère, la séparation est essentielle pour la constitution identitaire de l'enfant, et le sevrage, lors de l'allaitement, est un point d'appui référent en psychanalyse. Ce faisant, d'un côté comme de l'autre du bord de la relation mère-fille où se profile l'angle de la division du sujet, même les termes de « trou » ou de « rien » ne peuvent qu'évoquer les parois bordant le vide qu'ils s'épuisent à nommer, justement là où « ça ne se dit pas ».

Pour Lacan, le fondement de l'objet est le sevrage, ce qui nous amène brièvement au Lacan des *Complexes familiaux* en 1938, très orienté par la lecture de Mélanie Klein, dans « Le Complexe du sevrage ».

Il y est dit que ce qui opère dans le rapport mère-enfant, c'est le manque et non la satisfaction. Le complexe du sevrage est le moment de la séparation entre la mère et l'enfant dans la « période orale », par l'absence maternelle.

Lacan dira : « Le sevrage, par l'une quelconque des contingences opératoires qu'il comporte, est souvent un traumatisme psychique dont les effets individuels, anorexies dites mentales, toxicomanies par la bouche, névroses gastriques, révèlent leurs causes à la psychanalyse[1]. »

Le parcours lacanien de la mère à sainte Agathe[2], ainsi ébauché, nous permet de dégager une sorte de boucle se refermant sur un bel aphorisme écrit par Freud lui-même : « On veut dévorer la mère de laquelle on s'est nourri[3]. »

Des secrets de femmes

Ce qui existe de mères en filles et de filles en mères n'est pas simplement une répétition du même acte qui se poursuit indéfiniment, causée par une accoutumance à un destin féminin figé d'avance ou si peu dérangeant.

1. Lacan J., « Le complexe du sevrage », *Les Complexes familiaux* (1938), Paris, Navarin, 1984.
2. Pour Lacan, sainte Agathe est la représentation de la castration en ce qui concerne le sein. Le tableau de Tiepolo donne à voir tout sujet enfant dans son rapport avec le sein dans l'expression du « J'ai perdu quelque chose qui m'appartenait ». C'est l'objet cause du désir que Lacan révèle dans « Position de l'inconscient » quand il rappelle le supplice de sainte Agathe pour rendre compte du statut du sein. (Lacan J., « Position de l'inconscient », *Écrits*, Paris, Seuil, 1966.)
3. Freud S., « Sur la sexualité féminine », *La Vie sexuelle*, Paris, PUF, 1969, p. 150.

Ce qui est passionnant dans la relation mère-fille, ce n'est pas la réponse que les autres se posent encore, et qui n'existe pas, à la question « que veulent les femmes ? », mais bien la manière dont chacune va s'engager sur un certain nombre de questions au cours de son existence. Il est important de savoir ce qui va faire barrage pour ces femmes et ce qui va encombrer leur jouissance toute féminine, ce qui va faire obstacle à ce qu'elles souhaitent dévoiler sans exhibition, puisqu'il s'agit de femmes qui chaque jour osent enfin et nous font témoins, sans voile ni détour, de ce qu'elles sèment sur leur passage.

En 1925, Freud avait révélé la vérité crue sur le rôle de la mère, quand il avait répondu à la question « qu'est-ce qu'une bonne mère ? » par un réconfortant : « Ça n'existe pas, on tombe toujours à côté de la plaque. » Alors qu'ont dépassé les filles ? Qu'ont décidé de mettre sous clé les mères ? Après quoi courent les femmes ? Car le rôle d'une mère est bien, avant toute chose, de préparer sa fille à devenir une femme, *la* femme. Et si une mère se « débrouille » comme elle peut en tant que femme, elle pourra faire entendre à sa fille qu'il existe plus d'une position à occuper du côté féminin. Pas seulement celle à laquelle elle est censée correspondre mais surtout celle où se situe le lieu de son désir. L'objet du désir féminin est-il en cause ou en est-il la cause ? Cet objet sacré dont on présume, à tort ou à raison, que tous les mystères qui l'entourent valent bien plus que l'objet lui-même ? Cet absolu de jouissance auquel les femmes ont accès en secret, qui est trompeur tant il est prometteur ? Car quelle confusion mythique du péché originel avec la sexualité féminine sert encore de vague excuse à tous ceux qui ne savent plus comment interpréter, à défaut de comprendre, ce qu'est une femme... Qui désire, donc qui existe !

Le risque serait-il alors d'aller à la rencontre des femmes, pour entendre dans quel conflit les filles et leurs mères sont depuis toujours allées puiser ce désir, quitte à y perdre définitivement quelque chose ? À quelle hauteur se trouve l'articulation de leur demande, que soutiennent-elles de cette façon, la sauvegarde de l'espèce humaine ? Car les femmes ont pour elles de ne pas être un tout, un groupe, une masse, mais d'être incontournables dans leurs individualités.

La fille de sa mère

Lætitia est très proche de sa mère. À 29 ans elle vit avec elle car ses parents ont divorcé quand elle avait 10 ans. Elle se dit heureuse ainsi et, pour l'instant, n'a pas envie de fonder une famille. D'ailleurs, elle vit aussi avec sa tante et sa grand-mère : « Chez nous, on nous appelle le clan ; on aime être juste entre filles. J'adore quand ma tante, ma mère et ma grand-mère me racontent leurs histoires ; on partage nos secrets. C'est vraiment un autre monde, un petit cocon dans lequel je me ressource. Dès que je ne vais pas bien, elles sont là, elles font bloc autour de moi. Les femmes sont soudées dans une famille, contrairement à ce que l'on croit. On s'épaule, on se comprend, tout simplement, on se complète. Être une femme est une vraie philosophie de vie ; c'est nous qui la donnons, après tout ! Et ce secret-là, les hommes ne sont pas près de nous le prendre ; c'est bien ce qui les inquiète, ce pouvoir que l'on a sur eux depuis toujours, c'est bien pour ça qu'ils nous le font payer si chèrement. Alors moi je préfère rester du côté des femmes, c'est beaucoup plus enrichissant. »

Qu'est-ce qui différencie les femmes, si ce n'est justement leur sexe ? Lecture sexuelle ou non, ce qui change tout, de nos jours, c'est que les femmes assument ce clivage évident qui les consacre séparément entre elles mais aussi vis-à-vis des hommes. La suite est bien connue : elles le payeront au prix d'une égalité presque sacrificielle. Si l'histoire avance irrémédiablement, ce n'est jamais que dans un ordre asexué, car les femmes sont bien souvent effacées de l'ordre du jour. En regard du chemin accompli et de ce qu'il leur reste à conquérir, les femmes se doivent d'être inépuisables dans leur quête de vie et surtout de recommencer chaque fois, un peu plus, ce qui ne demande qu'à reculer. Les mères sont des boussoles pour leurs filles, elles les guident sur ce parcours si controversé de la féminité et les orientent sur le chemin escarpé qui est le leur, tant qu'elles s'y retrouvent elles-mêmes, ce qui est loin d'être évident pour une femme à notre époque.

Ce n'est pas un combat pour elles que mènent les femmes, de mères en filles depuis des décennies, pour se retrouver à côté des hommes, mais un combat avec elles-mêmes, bien différent, dans ce qu'il implique de don de soi. Car la femme ne sait que trop que son destin est tout autant lié à ce qu'elle donnera qu'à ce qu'elle ne donnera pas… Et pour cause !

Conclusion

Entre les mères et leurs filles ce n'est pas qu'une histoire d'amour, c'est une histoire de ressemblance, de « même », de transmission, de don de soi et de protection. Car une mère sait qu'il n'y a pas plus fragile qu'une fille, surtout si elle est la plus forte ; une mère sait qu'il n'y a pas plus angoissée qu'une femme qui se dit sûre de soi, qu'il n'y a pas plus cruelle qu'une fille qui ne se sent pas aimée – plus encore si elle est jalouse ! – et plus forte qu'une femme qui est désirée. La complexité féminine telle quelle est encore mystérieuse aux yeux de tous, sauf des filles et de leurs mères. Heureusement pour nous, les hommes n'ont pas découvert ce secret si bien gardé de mères en filles. C'est un territoire à explorer, un des rares continents qui ne part pas encore à la dérive et qui n'en a pas fini de faire rêver l'autre partie sexuée du monde.

Les filles et les mères se retrouvent toujours quelque part, parfois plus tôt, parfois plus tard, quand le féminin s'est enfin apaisé et que la femme laisse paraître ce qui l'aidera à se montrer, pas ce que l'on voit mais ce qu'il nous semble deviner : un trait divin, celui qui met au monde et y inscrit la vie. Les femmes, de mères en filles, sont les sentinelles du monde ; elles en sont les yeux.

Inspirons-nous de ces exemples de femmes que sont encore pour nous toutes celles qui ont traversé les orages, sans en garder aucune rancœur, simplement pour rester dignes d'être femmes. C'est alors que, dans ces discours figés dans le temps, quelques-uns sonnent plus vrai que les autres. Peut-être ceux des filles ou des mères, quand elles arrivent à élever leurs voix au-dessus de celles des hommes, car elles nous font entendre ainsi le bruit de fond du monde qui les écoute. Entre mères et filles, c'est une histoire millénaire mais en perpétuelle évolution. C'est un point de départ où se situe la mère, comme un Autre de la demande inconditionnelle, un Autre de la demande d'amour, et une arrivée dans la continuité d'un destin qui s'affirme au fil des générations.

Être mère, ça ne s'apprend pas, au mieux ça se transmet, au pire ça s'oublie. Chacune d'entre nous va devoir faire avec ce qu'elle a au fond d'elle, avec ce qu'elle croit et ce qu'elle attend d'elle-même en tant que mère. Souvent les filles attendent beaucoup plus qu'on ne le croit de leur mère. Elles attendent des solutions, des indications, des pistes et parfois même des miracles… une fille attend tout de sa mère et surtout d'être là à chaque instant – mais pas trop présente quand même ! Juste ce qu'il faut, c'est bien cela qu'il est difficile d'accomplir en tant que mère quand on se cherche encore soi-même et que la femme que l'on est n'a pas fini de se découvrir. Mais ça, on ne peut pas le dire à sa fille, ce serait lui transmettre notre doute, nos angoisses de mère d'une fille. Alors être mère de sa fille se fait avec le temps qui accompagne cette enfant qui s'éveille à la féminité, cette connaissance fondamentale de l'une et de l'autre se traduit dans les premiers gestes intimes. Une mère doit toujours se rappeler que sa fille n'est pas elle-même, mais bien une

Autre à part entière, et que chaque pas qu'elle fait, même s'il nous semble plus que tout dans les nôtres tracés auparavant, est bien nouveau pour cette fille qui se découvre.

Si, dans les premières années de leur relation, il est essentiel qu'une mère et sa fille se sentent très proches, il est important que la relation entre elles évolue hors de cette composante spécifiquement féminine. Alors va se faire jour ce qu'une fille n'accepte pas de sa mère et qui sera avant tout dans ce qui est déjà dessiné, inscrit comme un destin qu'on lui aurait volé de peur qu'elle ne s'en accapare et ne le garde que pour elle.

Une mère doit savoir s'éloigner de sa fille pour la laisser exister, faire ses propres erreurs, apprendre d'elle-même, ce qui ne veut pas dire qu'il ne faut pas être là, bien au contraire. Une mère est toujours là, juste à côté pour que sa fille tienne debout. Une fille en voudra toujours à sa mère comme une mère en voudra toujours à sa fille... Cela ne se discute pas, cela se vit et se perpétue de mères en filles.

Lorsque mères et filles sont en crise, c'est à ce moment-là que tout se joue, qu'il faut s'accrocher à cette relation impossible car ce qu'il va en ressortir s'inscrira comme une marque indélébile que fille et mère porteront sur leurs épaules et dans leur cœur à vie. Elles le donneront aussi, consciemment ou non, dans leurs actes et dans leurs mots. Elles se font ainsi mères de leurs filles ou filles de leurs mères.

Accepter d'être mère de sa fille, c'est se voir dans la vérité de sa féminité, c'est toucher à cette fragilité qui fait toutes les femmes et les rend pourtant bien plus fortes que les hommes...

De la thèse vouant la femme à une éternelle déception ou à la maternité, nous avons tenté de comprendre ce qui conditionne cette place, que lui assigne le discours, quelle que soit l'époque, et comment une femme peut vouloir occuper cette place, consciemment ou non, simplement parce qu'elle est une fille et sera une mère. Ces femmes qui nous semblent être à la fois dans la mise en œuvre d'une nouvelle expression de la féminité et d'un héritage, lointain certes, qui a fondé leurs revendications féminines. Le lien indissoluble qui lie toutes les femmes s'y trouve pris dès la naissance, dans une histoire singulière comme dans un destin extraordinaire ; le lien à la mère, au modèle, à l'envie de s'en détacher pour s'en rapprocher toujours plus, car naître fille, c'est naître autrement.

Une seule évidence, indéniable, et tellement structurante du côté féminin : filles ou mères, elles seules empêchent que tout ne parte à vau-l'eau dans ce monde intolérablement humain.

Bibliographie

ANDREAS-SALOMÉ Lou,

« L'humanité de la femme », *Éros*, Paris, Minuit, 1984.

« Du type féminin », *L'Amour du narcissisme*, Paris, Gallimard, 1980.

BALZAC Honoré de, *Mémoires de deux jeunes mariées* (1842), Paris, Garnier-Flammarion, 1979.

BOWLBY John, *L'Attachement, la séparation, la perte*, 3 vol. Paris, PUF, 1978, 1984.

DEUTSCH Hélène, *La Psychologie des femmes, Enfance et adolescence*, tome I, Paris, PUF, 1959.

DOLTO Françoise, *L'Image inconsciente du corps*, Paris, Seuil, 1981.

FREUD Sigmund,

La Vie sexuelle, Paris, PUF, 1989.

« Les théories sexuelles infantiles » (1908).

« L'organisation génitale infantile » (1923).

« Quelques conséquences psychiques de la différence anatomique entre les sexes » (1925).

« Sur la sexualité féminine » (1931).

Trois Essais sur la théorie sexuelle (1905), Paris, Gallimard, 1987.

Études sur l'hystérie, Paris, PUF, 1956.

Nouvelles Conférences d'introduction à la psychanalyse (1933), Paris, Gallimard, 1984.

« La féminité » (1932).

« De la sexualité féminine » (1931).

L'Interprétation des rêves, Paris, PUF, 1967.

GRANOFF Wladimir et PERRIER François, *Le Désir et le Féminin* (1964), Paris, Aubier, 1991.

HORNEY Karen, « De la genèse du complexe de castration chez la femme », *La Psychologie de la femme*, Paris, Payot, 1969.

JONES Ernest, *La Vie et l'œuvre de Sigmund Freud*, Paris, PUF, 1958.

KLEIN Mélanie, *Envie et gratitudes et autres essais*, Paris, Gallimard, 1968.

LACAN Jacques, *Le Séminaire*,

Livre I, *Les Écrits techniques de Freud*, Paris, Seuil, 1975.

Livre IV, *La Relation d'objet*, Paris, Seuil, 1994.

Livre V, *Les Formations de l'inconscient*, Paris, Seuil, 1998.

Livre XI, *Les Quatre Concepts fondamentaux de la psychanalyse*, Paris, Seuil, 1973.

Livre XIV, *La Logique du fantasme*, inédit.

Livre XX, *Encore*, Paris, Seuil, 1975.

Les Complexes familiaux (1938), Paris, Navarin, 1984.

Écrits, Paris, Seuil, 1966.

« Deux notes sur l'enfant », *Ornicar ?*, n° 37, Paris, Navarin, Seuil.

« L'étourdit », *Scilicet*, 4, Paris, Seuil, 1973, p. 21. (Jacques Lacan y utilise le mot « ravage » pour qualifier le rapport d'une femme à sa mère.)

SPITZ René, *Le Non et le Oui – La genèse de la communication humaine*, Paris, PUF, 1962.

WINNICOTT Donald Woods, *Jeu et Réalité*, Paris, Gallimard, 1975.

www.ingramcontent.com/pod-product-compliance
Lightning Source LLC
Chambersburg PA
CBHW062028200326
41519CB00017B/4971